프랑스혁명

DIE FRANZÖSISCHE REVOLUTION
ⓒ 2004 by Hans-Ulrich Thamer
All rights reserved.

Korean Translation Copyright ⓒ 2025 Bookcampus
Korean language edition is published by arrangement with C.H.Beck oHG,
München through Momo Agency, Seoul.
All rights reserved.

이 책의 한국어판 저작권은 모모 에이전시를 통하여 저작권자인 C.H.Beck oHG
사와 독점 계약한 북캠퍼스에 있습니다.
저작권법에 의해 한국 내에서 보호를 받는 저작물이므로 어떠한 형태로든 무단
전재와 무단 복제를 금합니다

프랑스혁명

바스티유의
포성에서
나폴레옹까지

북캠퍼스
지식 포디움
시리즈 05

**DIE FRANZÖSISCHE
REVOLUTION**

한스울리히 타머 지음 | 나종석 옮김

북캠퍼스

서문

프랑스혁명(1789~1799)만큼 근대 역사에 깊은 영향을 미친 사건은 거의 없다. 프랑스는 혁명을 통해 정치, 사회, 문화 전반에 걸쳐 급격한 변화를 겪었다. 프랑스혁명은 하나의 시대적 사건으로, 프랑스를 넘어 다른 나라들의 정치와 사회 발전에도 깊은 흔적을 남겼다. 혁명은 헌법의 변화와 자유주의 정치 문화 형성의 동력이 되었고 근대의 실험실이 되었다. 혁명은 10년이라는 짧은 기간 동안 입헌군주정에서 공화국을 거쳐 보나파르트 독재에 이르는, 19세기와 20세기에 크게 영향을 미치는 가장 상이한 헌정 형태들을 펼쳐놓았다. 혁명은 시민적이고 개인주의적인 소유 및 사회 제도의 토대를 마련했다. 혁명은 최초로 민주적 정치 문화를 꽃피우며 정치적 자유를 향한 돌파구를 쟁취했다. 혁명은 사회의 정치화와 정치 언어의 이데올로기화를 야기한 동시에 민주적 질서의 자기 위해를 보여주었다. 그런 까닭에 혁명의 역사적, 정치적 의미는 현대에까지 다다른다.

역사적 시각에서 볼 때 프랑스혁명은 구유럽의 앙시앵레짐에서 근대로 가는 정치적, 사회적, 경제적 변동의 오랜 과정에서 두드러진 사건으로 해석할 수 있다. 이 과정에서 일반적 구조 변화는 극적인 정치 사건과는 다른 시간의 리듬을 따른다. 단기적 혁명의 사건들은 장기적으로 진행되는 사회 변동의 과정에 삽입되고 혁명기 정치과정은 구조 변동과 관계된다. 따라서 역사적 단절과 새로운 시작이라는 현상뿐만 아니라 이미 18세기에 발전해 혁명기 동안 지속 또는 완성된 연속성에도 주목해야 한다. 이러한 연속성은 담론과 입법으로 마련되었지만 19세기에야 비로소 구현되었다. 이는 무엇보다도 경제와 사회의 구조 변동에 해당하는데, 이러한 변동은 장기 지속의 법칙에 맡겨져 있기에 정치와는 다른 행위 조건을 따른다. 정치적, 행정적 중앙화의 지속이 그 예다. 이 중앙화는 절대주의 국가 체제의 확장으로 시작되어 자코뱅의 지배와 그 위원들과 함께 그 이상의 정점에 다다랐으며, 인민주권의 원칙으로 정당화되었다. 그러므로 혁명은 현실이 따라잡지 못했던 수사학과 선언을 의미하기도 한다. 1789년에 일어났던 일은 '부르주아 사회의 탄생'이 아니었다. 그 경제적, 사회적 동학 속에서 이미 1789년 전에 시작되어 19세기를 훨씬 넘어서까지 미쳤던 이 변화의 과정에서 새로운 프랑스의 조직은 기껏해야 하나의, 특히 법적으로 중요한 발걸음을 의미했다. 프랑스혁명은 산업 세계의 발흥에서 조역을 맡았을 뿐이며 일부 역사가는 혁명이 산업의 근대화에 불리했다고까지 여긴다. 영국은 산업혁명을 관철하는 가운데 결정적인 우위를 확보했는데, 이는 1789년 이전에는 없었던 일이라는 것이다.

혁명의 수사학이 주장했던 단절이 경제와 사회의 영역에서 제한적으로만 인식될 수 있다면, 장기 지속 longue durée의 시각에서 볼 때 혁명의 전복성과 혁신성, 영향력은 어디서 비롯하는가? 지난 20년 동안의 근대 연구는 이에 대한 답을 정치적인 것에서 찾았다. 헌법의 발전과 지배의 새로운 정당화 형식, 인권과 시민권 선언, 민주적 정치 문화를 위한 창립 행사로서의 혁명의 기능, 새로운 정치적 대변과 통합 형태의 개화에서 그 해답을 찾았다. 여기에는 새로운 정치 의례와 소통 방식의 발전도 포함된다. 이를 통해 인민주권의 원칙이 추상적 수준에서 정치적 실천으로 번역되고 가시화되었으며, 정치적 당파 투쟁이 형성되고 퍼져갔다. 이러한 정치사와 문화사의 새로운 시각과 결과 그리고 그 해석과 기억의 역사적 변형을 프랑스혁명이라는 사건의 연쇄를 따라 서술하며 소개하는 것이 이 책의 실마리이자 주제다.

새로운 정치적 표현 형식과 근대 정치 개념의 발명은 혁명의 창조적 성취 중 하나이자 오늘날까지 전해지는 유산이다. 프랑스혁명과 함께 혁명도 새롭게 정의되었다. 18세기까지 혁명은 일반적인 국가의 변화, 정신적 진보, 사유의 변화로 이해되었다. 그러나 이제 '혁명'이라는 개념은 정치와 사회에서 폭력을 수반한 극적이며 포괄적인 변화의 경험을 새롭고 정의로운 질서를 창출하여 역사적 진보를 이루자는 요구와 결합했다.

변혁의 동학은 이미 동시대인들에게 알려져 있었다. 1789년 7월 14일 직후 "우리는 3일 만에 300년의 공간을 횡단했다"라는 말이 나올 정도였다. 동시에 바스티유 감옥 습격이라는 역사적 사건은 역사적 변혁의 정치적 상징으로 응축되었다. 이러한 급박한 정치적 변동이 민중의 폭력 행위와 결부되면서 혁명에 대한 지각과 해석에서 심각한 양극화를 초래했다. 옛 군주제를 옹호하는 자들에게 혁명의 폭력성은 두려움과 분노를 불러일으켰다. 애국자들, 즉 혁명의 지지자들에게 폭력 행위는 그들이 원했던 프랑스의 혁신과 무관했고 애초에 그들이 원치 않았던 부수 현상이었다. 이는 프랑스의 혁신을 통해 가까운 미래에 불필요해질 것이었다. 하지만 극단적 가속화의 경험뿐만 아니라 급진화와 변화의 도구로서 폭력의 사용도 곧 혁명의 개념에 포함되었다. 혁명은 그 야누스적 모습을 드러내며 양극화 작용을 보여주었다.

혁명에서 폭력의 원인과 기능은 여전히 격렬히 논의되는 문제로, 과거의 사건으로부터 현대의 정치적 지향과 전통 형성에 대한 논쟁적 기준점을 만들고 있다. 혁명독재와 폭력에 대해서는 예나 지금이나 판단이 엇갈린다. 혁명 200주년 기념을 기회로 벌어진 논쟁들이 1989년 미테랑 대통령의 화해적 '양시론兩是論'에 이르기까지 분명히 보여주었던 것처럼 말이다. 혁명을 끝내고 그에 관한 기억을 정립하려 했던 최초의 시도들 이래 혁명에 관한 역사적 해석과 논쟁은 프랑스 정치 문화, 나아가 유럽의 정치 문화에 대한 자기 해석의 일부였다. 역사의식을 지닌 정치적 시민이 기억의 실천이나 자기 정체성 형성에서 갈등으로 가득 찬 혁명기의 어느 국면을 언급하는지에 따라 또는 혁명을 완전히 거부하는지에 따라 그의 정치 성향이나 소속 진영을 인식할 수 있었다. 이는 확실히 혁명에 대한 기억을 생생히 유지하는 데 이바지했지만 혁명사 서술의 자기 봉쇄로 이어지기도 했다는 것이 많은 비평가의 견해다. 즉 사료 조사와 분석이 끊임없이 이루어졌고 혁명에 대한 명민한 분석과 빼어난 해석이 나오기는 했으나 혁명을 그 역사적 조건과 자기 준거적 발전 경로에서 일관되게 해석하기보다는, 이를 각각의 현대를 위한 역사 정치적 자기 해석과 정당화의 대상으로 만들어버렸다는 것이다.

이처럼 프랑스혁명사는 언제나 역사 서술과 정치의 착종錯綜을 보여주는 사례였고 각 세대는 혁명의 과거 속에서 현대 해석을 정립했으며, 이로써 혁명 자체가 각각의 현대의 일부가 되었다. 현대의 이해와 역사 해석의 이러한 메커니즘은 약화되었다고들 한다. 프랑스혁명의 역사화 과정이 진전되었고 혁명을 바라보는 우리의 시각은 더욱 분화되었으며 그 모순들도 더 명확히 드러나게 되었다는 것이다. 하지만 이로 인해 근대 정치 문화의 창립 행사가 된 사건으로서 혁명의 의미가 절하되는 것은 아니다. 이러한 혁명의 해석 및 영향의 역사를 프랑스혁명을 개관하는 이 책에서는 다룰 수 없을 것이다. 대규모 학술 논쟁들은 독자가 곳곳에서 이해하기 힘난한 지형을 걷고 있음을 환기하기 위하여 간략하게만 언급할 것이다. 여전히 논란이 되는 질문 중 하나는 혁명의 원인과 그 후 경과의 관계에 관한 것이다. 복잡하게 얽힌 여러 원인을 분석하면 후에 전개되는 혁명의 동학과 방향에 대한 실마리가 드러날까? 아니면 앙시앵레짐의 정치적 붕괴 후에 자체적 동학과 행위 논리를 갖춘 정치적 변화 및 재건의 국면이 뒤따른 것일까? 1789년의 이념 속에는 이미 혁명이 정치적 폭력과 체계적 테러 정치(공포정치)로 추락할 가능성이 내포되어 있었던 것일까? 마르크스주의 해석이 오랫동안 가정해온 것처럼 혁명의 기원과 경과가 귀족과 부르주아 사이 계급투쟁의 결과가 아니었다면, 불과 며칠 만에 상황을 변하게 하고 '정상적인' 시기에는 개화하여 구현하는 데 수십

년이 걸릴 새로운 형태를 발전시킨 혁명의 동력은 대체 무엇이었을까? 새로운 정치와 헌법의 형태, 수사학과 갈등 그리고 정치 클럽 결성에서 선거 참여, 새로운 달력에서 시민 결혼 제도의 도입, 정치 축제에서 전쟁을 위한 대규모 징집에 이르기까지 정치 행위자들의 조치와 동원 캠페인은 혁명기 사람들의 지각과 행위에 어떻게 영향을 미쳤을까?

차례

서문 • 5

1. 앙시앵레짐의 위기 • 15
2. 세 가지 사건(1789년 여름) • 41
3. 프랑스의 재구성(1789~1791년) • 59
4. 두 번째 혁명(1792년) • 78
5. 부유하는 혁명(1793년) • 90
6. 테러: 혁명의 방어인가, 이데올로기의 지배인가? • 113
7. 혁명의 정치 문화 • 133
8. 혁명이 끝나다(1785~1799년) • 154

연표 • 165

참고문헌 • 172

옮긴이의 말 • 178

찾아보기 • 182

1. 앙시앵레짐의 위기

1787년 7월 5일, 왕의 총리 로메니 드 브리엔이 전국신분회états généraux(흔히 일어 번역에 따라 삼부회로 불려왔지만 여기서는 프랑스 원어의 의미에 주목한 주명철의 번역을 따라 전국신분회로 한다-옮긴이)의 소집을 발표하고 그 형식과 목표에 관한 공적 토론을 열었을 때만 해도 혁명을 생각한 사람은 아무도 없었다. 혁명 전 프랑스에서 전국신분회는 성직자, 귀족, 제3신분의 의원들로 구성된 모든 프로뱅스province(앙시앵레짐 시절 프랑스의 상급 행정 구역 단위. 1790년 3월 4일 데파르트망 체제로 대체되며 폐지되었다-옮긴이) 대표들의 회합이었다. 하필이면 1614년 이후 한 번도 소집되지 않았던 이 옛적의 기구가 이제 개혁을 향한 막연하고 모순된 희망의 결정점結晶點으로 떠오르려 했다. 군주정이 증가하는 국가 채무에 직면하여 재정 위기와 국가 위기에 빠질 징후는 이미 10여 년 전부터 나타났으며 점점 더 뚜렷해지고 있었다. 또한 왕권과 고등법원의 지속적 갈등은 첨예화해갔다. 제도적으로 준비되지 않은 야당 역할을 맡았던 구 상급법원인 고등법원은 왕권에 맞서 대표성과 통제권을 요구했다. 마지막으로 인구 증가와 일자리 부족, 물가 상승과 임금 정체 사이 긴장이 고조되면서 물질적 상황이 악화되었는데, 이는 방직업의 위기와 농작물의 잇따른 흉작으로 더욱 나빠졌다. 앙시앵레짐의 위기 요인들이 하나로 뭉쳐지며 절대왕정의 정치체제에 도전해왔다. 그러나 절대왕정은 이 도전에 대처할 수 없었다. 개혁을 수행할 능력을 점점 더 상실해갔기 때문이다. 이에 따라 장기적인 경제적, 사회적, 정치적 구조 문제들이 중단기적인 경제 및 재정 위기와 특권 신분의 극심한 저항, 왕권의 적응 및 조정 능력 부족과 얽히면서 더욱 부담이 되었다. 그리고 더 중요한 것은 이러한 문제들이 혁명 전 신분 투쟁의 동원 과정에서 정치화되었다는 점이다.

1780년대에는 사회를 향한 불만과 반항이 점차 증가하는 징후가 거듭해서 나타났다. 이전 10년 동안에도 사회 비판적 논평들은 경기와 구조 문제를 앞두고 반란과 혁명의 가능성을 언급했다. 그러나 반란과 혁명은 일어나지 않았다. 가난한 작가이자 신문기자였던 루이세바스티앵 메르시에는 저서 《파리 풍경》에서 사회적 관계를 보는 예리한 안목을 보여주었다. 메르시에는 절대주의의 감시 장치를 감안할 때 그리고 부르주아의 이해관계가 궁정의 이해관계와 수도 없이 결합하여 있음을 고려할 때 이러한 반란이 공공연한 봉기로 비화할 가능성은 희박하다고 생각했다.

앙시앵레짐의 구조와 변동

혁명 이전의 각종 출판물과 1789년 봄의 진정서들에서 자주 제기된 비판 중 하나는 '봉건제'였다. 반反신분제적 비판을 주도한 자들이 이 단어로 가리킨 것은 봉건 영주와 봉신의 관계로 이루어진 중세적 지배의 법체계가 아니라 영주권을 중심으로 작동하던 사회경제체계였다. 이 체계에서는 대개 재판권을 가진 영주가 토지에 묶인 농민에게 현물세나 금전세를 부과하고, 부역이라는 형태로 초과 노동을 의무화했다. 문제는 봉건적 권한, 더 정확히 말하면 부과조賦課租, 부역 그리고 농노제의 잔재와 같은 영주의 (지배) 권한이었다. 특히 농민에게 부담이 된 것은 정기적 부과조보다 특별 부과조와 영주의 추가 징수권이었다. 여기에는 부역, 재판세, 영주의 수렵권, 영주 소유의 방앗간이나 포도압착장 이용료 그리고 공동체 권리에 대한 간섭 등이 포함되었다. 봉건제를 향한 비판이 증가했다는 것은 18세기 후반 들어 귀족뿐 아니라 부르주아를 포함한 많은 영주가 부분적으로 잊혔던 이러한 권리들을 다시 행사하기 시작했음을 의미한다. 이 권리 중 다수는 자본이 풍부한 차지농借地農에게 넘어갔고 이들은 근대적 농법을 실천했다. 겉보기에 재봉건화처럼 보였던 현상은 실제로는 농업의 상업화와 현대화 과정의 일부였으며, 귀족 영주와 부르주아 차지농은 동등한 몫을 가졌다. 귀족과 부르주아지는 농촌에서 전적으로 동일한 이해관계를 가졌다. 이는 경작의 합리화와 영주 재산 그리고 그와 결부된 권리를 이용하여 소유 농경지를 최적으로 활용하는 것이었다. 이를 위해 토지를 확장하고 경작 방식을 개선하는 한편, 목초지와 숲 등의 공유지와 그 이용권(사실상 모든 촌락 구성원이 가지고 있던 권리)을 침해하는 방법이 동원되었다. 이로써 전통적 촌락 공동체 권리가 위태로워졌다. 농업 자본주의는 낡은 소유 체제를 이용했고 농민은 영주 부과조의 강화에 저항했다. 물론 이때까지 농민들의 저항은 오히려 수동적이었다. 농민들은 영주 부과조의 지불을 거부하고 영주와 신흥 농업 기업가에 소송을 제기했으며 새로 구획된 경작지 경계를 가르는 울타리와 도랑을 파괴했다. 촌락 공동체는 자신만의 방식으로 신분제에 반대하며 비판을 전개함으로써 1789년 농민 혁명의 길을 열었다. 이는 혁명 이전의 수동적 거부 형태와 마찬가지로 기존 질서를 보존하는 반근대주의적 공격 방향을 보이고 있었다.

1770년대와 1780년대에 나타난 이른바 '봉건적 반동'이라는 이 현상이 봉건귀족과 부르주아지 사이의 계급 대립을 보여준다고 설명하기 어렵다면, 혁명을 자본주의 경제 형태가 성장하고 이에 따라 부르주아적 이해관계가 확대된 결과로 이해하려는 고전적이고 더욱 보편적인 사회경제적 해석 역시 마찬가지다. 이 해석에 따르면 부르주아적 이해관계는 귀족과 성직자에 대한 반발로 형성되었는데, 이들이 자본주의적 시장 관계가 지배적 생산 양식으로 자리 잡는 것을 방해했기 때문이다. 따라서 혁명의 실제 원인은 봉건귀족과 부르주아 이해관계 사이의 계급 대립에 있으며, 혁명은 자각한 부르주아 계층의 계급의식 표현이라고 한다. 이러한 주장은 이미 당대에도 제기된 바 있다. 예컨대 국민의회의 주요 인물이자 입헌군주제를 적극적으로 옹호했던 앙투안 바르나브가 이와 유사한 견해를 펼쳤다. 하지만 오늘날 이러한 해석은 설득력이 없다. 일부 귀족은 농업 근대화에서 (광산업에서와 마찬가지로) 매우 적극적인 역할을 맡았으며, 이들이 설정한 목표는 부르주아 토지 소유자나 지대 수취인과 거의 다르지 않았다. 사회적 목표에서도 귀족과 부르주아는 차이가 없었다. 부르주아 엘리트는 지주 귀족이 소유한 것과 동일한 지위와 권리를 얻고자 노력했다. 귀족과 부르주아는 동일한 소유 형태를 지향했는데, 이는 토지 소유 형태로 고정되고 보장된 재산 또는 영주권이나 나아가 구매한 관직에서 얻을 수 있는 지대 유형의 소득을 의미했다. 이러한 '비자본주의적' 소유권자 집단에서와 마찬가지로 상업 및 산업 자본주의에서도 귀족과 부르주아 사이에 뚜렷한 구분선은 없었다. 물론 이러한 상황은 새로운 경쟁 관계를 낳았고, 전통을 의식하던 귀족들에게 부르주아의 상승 의지는 물려받은 귀족 신분의 전복을 의미했다. 아카데미와 프리메이슨 집회소에서 계몽적 삶과 사유 형식이 존중받으면서 귀족의 배타성을 역으로 잠식했듯이 말이다. 따라서 장기적, 역사적 관점에서 볼 때 프랑스 경제는 흔히 말하는 신분제적, 봉건적 제약과 저항 때문에 억눌리거나 낙후된 상태였으므로 이를 부르주아적, 자본주의적 각성과 변혁으로 극복해야 했다는 해석은 타당하지 않다. 확실히 프랑스 경제는 영국과 비교하면 발전의 정점에 있지는 않았다. 하지만 이를 두고 낙후되었다고 특징짓기는 어렵다. 더구나 혁명은 장기간의 경제적 쇠락과 빈곤으로 인한 혁명도 아니었다.

18세기 후반의 경제와 사회는 오히려 변화의 흐름에 들어서면서 전통적 신분제와 그에 따른 신분적 에토스에서 점점 더 멀어졌다. 자본주의는 낡은 질서의 균열을 뚫고 그 가능성을 이용했다. 경제적 경계는 귀족과 부르주아지를 통해 수직으로 그어졌으며, 법적으로만 수평적 구분이 존재했다. 귀족과 성직자 계층 그리고 농민으로 대표되는 제3신분 대중 사이에는 큰 물질적, 법적 불평등이 여전히 존재했다. 하지만 경제적 긴장은 신분 내에서 더욱 강하게 드러났다. 1788/1789년에 신분 투쟁이 발발한 이후 두 특권 신분과 제3신분 사이에서 나타난 첨예한 대립은 경제사적 원인, 즉 경제 활동 방식의 모순이나 장기적 경기 발전과 같은 이유로는 설명할 수 없다.

더욱 결정적인 것은 1750년 이후 사회 문화 영역에서 증가한 긴장이었다. 그 원인은 정치적, 사회적 지배 질서의 토대가 침식된 데 있었다. 이러한 변화 과정은 경제적, 사회적, 문화적 변화가 서로 맞물리며 발생했고 신분 내부의 분화와 분열, 가치관과 행동 양식의 변화로 이어졌다. 귀족은 여전히 명망, 부, 권력을 통해 사회와 행정을 지배했다. 신중한 추정에 따르면 혁명 직전에 귀족은 전체 인구의 1~4퍼센트를 차지했다. 이들은 자신들의 특권을 주장했으며 고유한 판단과 생활 방식을 통해 외부에 폐쇄적 공동체로 비쳤다. 그러나 실제로는 대검귀족(기사 시대까지 거슬러 올라가는 오래된 귀족)과 법복귀족(왕이 고위직 관리에게 수여한 귀족)의 대립이 지속했을 뿐 아니라 법복귀족의 정치적, 물질적 비중이 커지자 궁정귀족(루이 14세의 친정이 시작된 1652년 이래 왕의 궁정에 집중되어 있던 고위 귀족)은 부르주아만이 아니라 상층 부르주아와 밀접한 관계를 유지하던 귀족들에게도 배타적 태도를 강화했다. 따라서 이른바 귀족의 반동은 부르주아보다는 오히려 신흥 귀족에 대한 폐쇄적 태도로 봐야 한다. 이를 명확히 해주는 사례가 1781년 세귀르 원수의 칙령이다. 이에 따르면 적어도 4대에 걸친 귀족만이 군 장교가 될 수 있었다. 한편 계몽 귀족들은 계몽주의의 주도적 인물들과 소통 장소에 다가가 그 가치를 공유함으로써 귀족 내부의 다양성을 더욱 확장했다. 여기서 계몽 엘리트들 내부에서 가치관의 접근이 이루어졌음을 인식할 수 있는데 전통주의자들은 이를 '부르주아화'라고 여겼다. 반면 1700년경 약 70만 명이었던 부르주아지는 1780년대에 이르러 230만 명으로 증가했고 그 내부에서는 귀족의 생활 세계와 구별되는 강한 자의식이 뚜렷이 드러나고 있었다. 행동과 생활에서 단순함이 미덕으로 칭송받았고 위생과 건강에 관한 관심이 사회적 덕목으로 자리 잡았다. 가발과 향수를 뒤집어쓴 궁정 사람은 도시와 시골 하층민의 악취만큼이나 부르주아에게 달갑지 않았다.

부르주아지, 즉 육체노동에 기반을 두지 않은 재산을 소유한 제3신분 집단 내에서도 사회적 비중의 분화와 전이가 두드러지게 나타나서 하나의 부르주아 계급의식을 논하기 어려워졌다. 이들 중에는 화폐 및 재산 가치로 구성된 자산을 보유하고 관직 매입이나 토지 취득을 통해 귀족에 접근하려 한 지대 수취인 외에도 법률가와 궁정 관리, 의학·과학·예술 분야의 자유직업인과 금융·상업·기업 자본의 대표자가 있었다. 이 중에서도 특히 마지막 자본가 집단은 숫자가 눈에 띄게 증가했고 무엇보다도 해외 무역에서 두각을 보였지만 혁명의 주도 세력은 되지 못했다. 혁명을 주도한 세력은 변호사, 학자, 관료 집단에서 나왔다. 앙시앵레짐 말기에 사회적 긴장이 첨예해진 데는 부르주아 지식인을 위한 노동시장이 점차 과포화 상태에 이른 영향도 있다. 대학, 법원, 관청에서 자리를 잡지 못한 젊은 세대는 출판인이나 문필가로 생계를 꾸려가야 했고 이들의 좌절된 희망은 결국 귀족과 고등법원을 향한 날카로운 비판으로 이어졌다. 비판은 실제로 모든 특권층과 기득권층을 겨냥하고 있었다.

혁명의 문화적 기원

이는 계몽주의가 혁명의 발발에 미친 영향이라는 주제로 이어진다. 이는 혁명 당시에도 동시대인들이 뜨겁게 논의했던 주제다. 대개 그들은 우리가 단순히 '계몽'이라고 부르는, 모든 인습적 사유, 신앙, 행위에 지적으로 도전하는 것이 혁명의 중요한 전제 조건이라고 보았고 혁명을 계몽의 실현으로 이해했다. 이러한 시각은 혁명을 반대하는 자들에게도 (부정적 의미에서) 적용되는데, 그들은 혁명을 계몽주의자와 자유사상가가 음모를 꾸민 결과라고 보았다. 하지만 흔히 그렇듯이 이 경우도 맥락은 훨씬 더 복잡하다. 계몽주의의 위대한 지성들이 혁명에 개인적으로 직접 영향을 끼친 일은 없었다. 그들은 모두 1789년에 이르기 훨씬 전에 세상을 떠났기 때문이다. 음모론자들이 주장하듯이 계몽주의협회에서 자코뱅클럽으로 곧바로 이어지는 조직 계보도 없다. 혁명가들이 계몽주의 철학자 루소(1712~1778)를 비롯한 위대한 사상가들의 정치적 저작에서 직접 행동 지침을 얻은 것도 아니었다. 혁명가들은 기껏해야 레날 신부와 같이 덜 알려진 몇몇 작가가 발췌하고 편집하여 유포한 책이나 잡지에서 영향을 받았다. 대개 계몽주의는 국민의회의 위원회나 정치 클럽에서 정치 실천을 위한 구상과 근거를 마련해야 할 필요가 생기면서 비로소 열렬히 수용되었다. 그때까지 내적으로 매우 이질적이었던 계몽주의의 메시지는 사유 방식, 특정한 의사소통 방식, 전통 가치와 권위에 의문을 제기하는 몇몇 근본 메시지를 통해 전달되었다. 그리하여 최고의 준거 가치였던 군주정, 신분 질서, 종교의 자리에 국민, 자유, 인민주권, 자연과 이성이 들어서는 모습이 1770년대부터 점점 더 자주 목격되었다. 읽을거리도 바뀌었다. 종교적이고 국법사적國法史蹟인 충성스러운 문학은 뒷전으로 밀려났고 그 자리를 철학하는 작가들이 쓴 정치적, 체제 비판적 문학과, 이들이 금전적 어려움 속에서 때때로 집필한 포르노 문학이 폭발적으로 뒤섞이며 차지했다. 이들의 포르노 문학은 언제나 전복적이고 권위에 비판적으로 작용했다. 여기에 더해 아카데미, 살롱, 프리메이슨 집회소, 독서회 등 계몽주의 단체들이 있었다. 이러한 단체들을 통해 새로운 사유가 전파되고 논의되었으며 때로는 실천되기도 했다. 요약하자면 계몽주의는 권위의 위기를 키우는 촉매제이자 징조였다. 계몽주의는 새롭고 비판적인 정치적 담론을 정립하고 확산하는 데 중요한 역할을 했다. 계몽주의는 자신의 조직 및 소통 방식을 통해 사유를 무제한적으로 활성화하고 급진화하는 경향을 지닌 비판적 추론의 공론장을 창출했다.

개혁에 무능한 군주정

계몽주의적 사유는 앙시앵레짐의 개혁에 대한 무능함과 체제 위기를 인식한 순간, 체제를 뒤흔드는 힘을 발휘했다. 신분 내에서 증가한 사회적 긴장도, 부르주아 집단의 참여 요구도, 자유와 시민적 평등을 지향한 사유의 확산도 앙시앵레짐의 붕괴로 이어지지 않았다. 오히려 금융과 경제 위기가 심화하는 상황에서 앙시앵레짐이 드러낸 기능적 무능함과 개혁에 대한 무능함이 문제가 되었다. 이러한 구조적 문제는 새로운 것이 아니었다. 군주정이 권력을 강화하고 재정을 개선하려 할 때마다 거듭해서 나타난 문제였다. 그러나 외적으로 화려하게 펼쳐진 그 모든 것에도 불구하고 루이 14세(1643~1715) 이후 어떤 왕도 행정 구조와 조세 제도를 개혁하는 데 성공하지 못했다. 신분적 중간 세력이 항상 개혁을 방해했기 때문이다. 고등법원이나 프로뱅스신분회, 성직자, 궁정귀족 등과 같은 중간 세력은 대안을 제시할 만큼 결속되어 있지는 않았지만 개혁을 거듭 저지할 만큼의 영향력은 있었다. 궁정의 광휘를 지닌 왕권은 중앙집권적 권력으로 보였고 자부심 강한 귀족들을 길들이는 데 성공한 듯했으나 절대왕정은 완전하지 않앉고 여전히 중간 세력에 의존했다.

왕은 시대의 비동시성과 중첩이 그대로 반영된 이중적 역할을 맡고 있었다. 왕은 자신의 출신 배경에 충실한 인물이자 최고의 '봉건 영주'이자 신분제 사회의 정점이었다. 아울러 왕은 베르사유에서 중앙집권적 요구에 따라 움직이는 행정부 수장이었다. 그러나 이 행정부는 중간 세력이나 프로뱅스에는 충분히 영향력을 행사할 수 없었다. 군주정이 봉건 지배 집단의 부속물이기만 한 것은 아니었다. 군주정은 고유한 정당성과 신분 사회에 개입하는 고유한 형식을 지녔다. 왕은 자신이 이끄는 내각과 함께 통치했다. 한편 국가 재정과 부채가 더욱 중요해짐에 따라 내무행정을 관할하는 재무총감의 영향력이 더욱 커졌다. 34개 재정 및 조세 구역에서 이루어지는 내무행정은 왕의 중앙 권력을 현장에서 대리하는 지사intendant가 담당했다. 하지만 지사들은 전통적 행정 조직과 관행 그리고 신분제 관료와 경쟁했다. 신분제 관료는 중앙이 아니라 신분과 출신 지역에서 그 정당성을 얻었다. 고등법원은 지역에서 최종심의 결정권을 요구했다. 물론 강력한 왕은 구시대적 법정 절차lit de Justice(정의의 집행. 국왕이 친히 법정에 참석해 법적 결정을 내리는 친림법정親臨法庭을 말한다-옮긴이)를 통해 고등법원에 복종을 강요할 수 있었다. 여기에 고유한 구조와 경계를 가진 교회 행정 조직과 각 지역의 무수한 특권이 더해졌다. 이로부터 법률, 행정, 통치 권한이 중첩되는 혼란이 생겨났다. 전근대적 지배 질서에서는 아무리 견고해 보여도 기존의 계층, 제도, 관습이 단순히 폐기되지 않고 새로운 것과 함께 존속했기 때문이다. 하지만 이는 혁명과 함께 그리고 계획하고 실행할 수 있다는 혁명의 근본적 경험과 함께 변모한다.

사회 변화로 더욱 혼란에 빠진 이 불안정한 균형 체계 안에서 개혁의 한계는 신분제적 가치관과 관료적 합리화 요구가 양립할 수 없다는 데 있었다.

이 문제를 가장 명확히 드러낸 것은 조세 체계와 이를 더 공정하고 효율적으로 개혁하려는 가망 없는 시도였다. 여기서도 신분제적 지방 세력과 중간 세력은 개혁을 가로막는 요소로 작용했다. 자체 신분회가 있었던 프로뱅스pays d'état에서 세금은 신분회의 동의가 있어야만 부과할 수 있었던 반면, 세금 문제에 있어 왕에게 직속된 프로뱅스pays d'élections에서는 왕의 관리가 세금을 부과할 수 있었다. 무엇보다 농민이 조세 부담에 시달리고 있었다. 농민은 왕실 세금 외에도 봉건적 부과조, 교회 십일조, 재판세까지 부담해야 했다. 이에 반해 도시 부르주아지는 재정적으로 큰 부담을 지지 않았고, 제1신분과 제2신분은 세금을 완전히 면제받았다. 영국과 비교해보면 세금의 수준이 분노의 원인은 아니었다. 문제는 세금의 사회적 분담과 지역 간 불평등이 극도로 심각했다는 점이다. 특히 간접세와 관세는 직접세보다 국가 수입에서 차지하는 비중이 작았음에도 농민을 분노하게 했다. 직접세 역시 불평등하게 부과되어 불만을 키웠다.

세금 인상은 의문의 여지가 없었지만 관철될 가능성도 없었다. 18세기 중반부터 여러 재무총감이 조세 평등을 통해 국가 재정을 늘리려 했지만 중간 세력의 반발로 번번이 실패했다. 이른바 '20분의 1세Vingtième'라는 특별세의 연장을 시도하자 파리, 그르노블, 툴루즈, 루앙의 고등법원이 이를 거부하며 모든 법안의 통과를 고등법원의 동의에 따르게 하려는 원칙적 선언으로 맞섰다. 이로써 대립은 새로운 국면에 접어들었다. 고등법원은 왕국의 기본권 수호자를 자처하며 주권에 버금가는 권리를 주장했는데, 이는 왕권을 정면으로 도발하는 행위였다. 왕권을 위해 모푸 대법관은 사법 개혁을 추진하고 고등법원을 해산하고 법률적 권한만을 지닌 새로운 항소 법원을 설립했다. 하지만 법조인들의 저항이 꺾이기 전에 루이 15세가 운명했고 후계자 루이 16세는 호의를 베풀어 지지를 얻고자 고등법원을 부활시켰다. 고등법원들은 이 은혜를 원수로 갚았다. 특권을 더욱 주장하며 모든 조세 평등화 시도를 철저히 거부했기 때문이다. 곧이어 계몽철학자들의 벗이자 신임 재무총감이 되었던 튀르고 역시 1776년 체계적 개혁을 통해 계몽 절대주의라는 비전을 실현하려 했지만 실패했다. 이는 곧 분명해지듯이 개혁에 대한 군주정의 무능함을 입증하는 최종 증거였다. 튀르고의 후임자인 스위스 출신 개신교도 네케르는 프랑스 앙시앵레짐에서 외부자였지만 성공한 은행가로서 신임을 얻었다. 네케르는 행정상 소규모 조정과 무엇보다 해외 채권을 발행해 미국독립전쟁(1778~1783)의 비용을 조달하고자 했다. 이 전쟁은 파리조약에서 미국의 독립과 영국의 굴욕으로 끝을 맺었다.

국가 신용을 높이기 위해 네케르는 1781년 군주정 역사상 최초로 국가 예산을 공표했는데 분노한 여론은 여기에서 궁정의 높은 지출, 특히 궁정귀족에게 지급된 연금만 읽어냈다. 1786년 네케르 후임자인 칼론 역시 특권 신분에 몇 가지 양보를 제안하며 그들의 조세 특권을 폐지하는 쪽으로 설득하려 했다. 1787년 2월 칼론은 국왕에게 소집을 건의했던 명사회에서 프로뱅스신분회의 구성을 제안하고 일반 토지세 도입과 소금세 인하, 관세 철폐 등 자신의 계획에 대한 승인을 기대했다. 칼론은 대부분 귀족 출신인 명사들이 극심한 위기 상황에서 강력한 여론에 맞서 특권에 매달릴 여유가 없으리라 예상했다. 다른 중간 세력과 마찬가지로 명사들이 단호하게 반대를 고수한 데는 두 가지 이유가 있었다. 첫째, 그들은 절대주의 국가 형성 과정이 자신들의 정치적, 사회적 자율성을 위협한다고 느꼈다. 둘째, 그들은 신흥 부유층의 신분 상승 기대와 반대로 농민 사이에서 커지는 반봉건 정서로 인해 자신들의 지위가 위협받는다고 보았다. 명사들은 자신의 입지를 강화하기 위해 다시금 고등법원의 관여나 전국신분회의 소집을 요구했다. 이 중 후자가 더 인기를 얻었다. 전국신분회는 거의 아무도 그 존재를 기억하지 못했지만 여전히 국가 전체의 정당한 대표로 여겨졌다. 사람들이 국민과 그 대표성에 호소하고 왕권과 신분 간의 권력투쟁에서 여론의 정치적 동원을 꾀하면서 정치적 개념과 전략이 공적 논쟁에 등장했다. 이는 곧 자체적인 동학을 전개했고 결국 구질서에 맞서는 방향으로 전환되었다. 무엇보다도 1787년에 탄생한 프로뱅스 자치 행정 단체는 장차 혁명을 위한 학교 역할을 했다. 1789년 국민의회 구성원의 약 18퍼센트가 이전에 프로뱅스신분회의 구성원이었다.

혁명 전야

우선 칼론이 궁정 권력투쟁의 희생양이 되었다. 칼론의 뒤를 이은 툴루즈 대주교 로메니 드 브리엔 역시 같은 저항에 부딪혔고, 이에 1787년 5월에 명사회를 해산했다. 브리엔은 다시 절대주의 권력에 의지해 친림법정을 열고 새로운 세법을 강제로 통과시키려고 했다. 그러자 파리 고등법원이 공개적으로 저항했다. 자칭 자유의 수호자들은 새로운 언론 캠페인으로 내각의 압제에 맞섰다. 국면은 혁명의 전 단계로 접어들었고 마침내 새로운 권력, 즉 여론이 무대에 등장했다.

반항적인 고등법원이 트루아로 추방되자 여러 프로뱅스에서 봉기, 파업, 약탈이 잇따랐다. 결국 정부가 굴복해 고등법원의 복귀를 허락했다. 권력투쟁의 새로운 라운드가 시작되었다. 고등법원이 다시 해산되었고 이에 대중의 분노가 폭발했다. 여기서 군주정은 명백히 수세에 몰렸다. 왕의 권위에 의문을 제기하는 팸플릿과 비방문이 쏟아졌다. 프로뱅스신분회들 역시 점점 더 큰 목소리로 전국신분회를 요구하자 브리엔 내각은 결국 여론의 압력에 굴복해 전국신분회 소집을 발표했다. 개혁을 요구하는 소책자와 정치 팸플릿이 홍수처럼 쏟아지자 심각한 흉작과 물가 폭등으로 고통받던 나라가 즉각 들끓었다.

계속된 검열에도 언론 투쟁은 자유로운 의사 표현의 분위기 속에서 진행되었다. 언론 투쟁을 통해 기대와 요구의 모순이 곧 명백해졌다. 특권 신분이 '내각의 전제정치'를 비판하고 프랑스의 재건을 요구하며 의도한 바는 자신들이 전통적으로 누려온 역사적 특권과 '자유'의 회복 또는 유지였다. 이와 달리 곧 '애국자'라 불리게 되는 제3신분의 대변인들은 개별 폐단을 지적하는 데서 시작하여 즉시 신분과 조합 중심의 지배 및 사회 질서에서 벗어나기를 요구했으며, 주권을 가진 국민으로서 공동체의 재편을 왕에게 기대했다.

오를레앙 프로뱅스신분회에서 첫 정치 경험을 쌓은 시에예스 신부는 1789년 1월, 국민을 위한 정치적 자유와 주권을 언어적으로 그리고 정치적으로 명쾌하게 표현했다. 이후 시에예스의 주장은 많은 소책자에 반복해서 실렸다. 질문은 단순했으나 대답은 혁명적이었다. "제3신분이란 무엇인가? 모든 것이다. 제3신분은 지금까지 국가 질서 안에서 무엇이었는가? 아무것도 아니었다. 제3신분은 무엇을 원하는가? 국가 질서 안에서 무언가가 되기를 원한다." 시에예스는 제3신분이 국민이라고 선언함으로써 정치와 사회의 지도층만이 국민을 형성한다는 전통적 지배 정당성을 뒤집었다. 제3신분은 국민을 형성하고 유지하는 데 필요한 모든 것을 지니고 있다. 특권 신분이 없다면 국민은 줄어들기는커녕 오히려 더 커질 것이다.

이러한 포괄적 개혁에 대한 요구는 전통주의자들이 신분적 이해관계와 특권을 고수할수록, 그리고 인민의 대표로 행동한다는 수사 뒤에서 자신들의 특수한 이해관계를 드러낼수록 더욱 커졌다. 이는 1788년 9월 23일에 고등법원이 옛 방식의 구성과 투표 절차를 지지한다고 선언했을 때 분명히 드러났다. 그 방식에 따르면 성직자와 귀족은 제3신분보다 두 배 많은 대표자를 두었으며 각 신분은 따로 투표해야 했다. 브리엔이 더는 어찌해야 할지 모르자 왕은 네케르를 다시 불러들여 재무총감으로 삼았다. 그러나 네케르의 두 번째 시도 역시 실패로 돌아갔다. 1788년 11월 초에 소집된 두 번째 명사회는 네케르의 개혁안을 거부했다. 군주정은 재정적으로 파산할 위기에 처해 있었고 누구도 대출을 해주려 하지 않았다. 명사회는 전국신분회를 도구로 삼아 왕에게 자신들의 구상을 강요할 수 있으리라 기대했다. 그 반면에 네케르는 왕권을 위해 애국적 여론을 동원하려 했다. 네케르는 또한 1788년 12월 27일 국왕참사회에서 어떠한 양보도 군주의 지배를 위태롭게 할 것이라고 두려워한 왕의 형제들의 반대를 무릅쓰고 제3신분의 대표 수를 두 배로 늘리는 안을 관철했다. 그러나 이 결정은 왕이 공동의 머릿수 투표를 받아들이지 않아 무의미해졌다. 칼론과 브리엔에 이어 네케르 역시 왕에게서 개혁에 대한 단호한 지지를 기대할 수 없음을 깨닫게 되었다. 그런데도 이 순간 군주정의 전복은커녕 혁명을 예견하는 사람조차 거의 없었다.

이러한 정서는 1789년 초 몇 달간 전국신분회 선거에 맞춰 작성된 진정서cahiers de doléances(지역에서 선출된 전국 신분회 대표들이 베르사유에 전달할 청원서-옮긴이)에도 대거 반영되었다. 진정서는 옛 신분제적 관습에 따라 각 선거인 회의가 대표를 선출할 때 작성할 권리를 가졌다. 당시 약 6만 회의 선거인 회의가 자신들의 불만과 기대를 표명했다. 대중 동원이 시작되는 조건하에서 이는 일종의 국민 여론 조사나 다름없게 되었다(역사학자에게는 매우 소중한 사료다). 농민들은 '봉건제'로 인한 부담을 호소했고 부르주아지는 법 앞에 평등을 요구했다. 일부 귀족들은 입헌적 자유에 대한 요구를 지지했다. 하지만 누구도 군주제를 철폐할 생각은 하지 않았다. 반대로 많은 진정서는 왕이 신분제를 폐지해주기를 기대했다. 파리 선거구에서는 더욱 급진적인 요구가 나왔다. 파리는 정치적 논쟁이 이미 자체적 동학을 전개한 5월 초에야 선거인 회의를 개최할 수 있었다. 그런 까닭에 파리의 진정서에는 스스로 제정해야 할 헌법과 정치적 자유, 임박한 혁명이 언급되었다.

선거는 단계적으로, 즉 간접적 방식으로 진행되었다. 상위 신분들만 구역 회의에 모여서 직접 투표했다. 성직자 중에서는 모든 교구 신부에게 투표권이 주어졌지만 모든 성당 참사회 회원과 수도원이 투표권을 가진 것은 아니었다. 제3신분에서는 25세 이상으로, 조세 대장에 등재된 사람이면 누구에게나 투표권이 주어졌다. 당시로서는 비교적 민주적인 방식이었다. 하지만 단계적 투표권은 온건함을 가져왔다. 선거는 길드, 도시 구역, 촌락, 즉 교구에 따라 진행되었다. 거기서 선거인단이 선출되었고 이들은 다시 자신들 가운데서 전국신분회 대표를 뽑았다. 지루한 선거 절차는 정치에 적극적으로 참여하는 시민들에게 도시와 농촌에서 팸플릿과 전단을 통해 선전 활동을 벌이게 했으며, 이는 진정서 작성을 준비하는 과정이기도 했다.

구형 위기: 레베용 폭동

1789년 봄에는 전국신분회 소집 외에도 빵값 급등이 머리기사를 장식했다. 이제 국가의 재정난과 기능 마비에 대한 공개 토론에 직접 영향을 받거나 동원되지 않았던 사람들까지도 불만과 동요에 휩싸였다. 물가 상승과 생산 부족으로 인한 경제적 궁핍은 도시 소비자에게 영향을 미쳤고, 이어서 상업과 공업을 덮쳤다. 그 결과 '대중'이 정치 무대에 등장하게 되었다. 이 구형舊形

의 위기는 먼저 전형적인 전개 방식을 따랐다. 1788년의 흉작과 1788/1789년의 혹독한 겨울은 수확량 감소로 이어졌고 농민은 시장에서 곡물을 팔거나 가축용 사료를 충분히 비축할 기회를 잃었다. 오직 세속 영주와 교회 영주만이 십일조와 소작료로 거둬들인 생산물로 곡창을 가득 채울 수 있었다. 따라서 이들은 분노의 대상이 되었고 곡창을 열거나 곡물을 '공정가격'에 판매하라는 요구를 받았다. 이러한 요구에 힘을 싣고자 운송 곡물의 약탈과, 일용할 양식을 책임져야 할 관리들의 부실 행정에 대한 항의가 이어졌다. 가격 인상의 여파는 도시 소비자에게 더 치명적이었다. 이들에게 빵은 주식이자 생필품이었기 때문이다. 1789년 6월과 7월에는 빵값이 풍년이던 시기에 비해 약 200퍼센트 올라 18세기 최고 수준에 도달했다. 도시 수공업자는 소득의 절반가량을 빵값으로 지출해야 했다. 가격이 조금만 상승해도 생계가 위협받았으며, 이는 특히 다른 생필품에 대한 수요 급감으로 이어졌다. 이와 비슷한 상황, 즉 물가 폭등 위기와 빵 폭동을 수반한 상황이 1775년에도 있었지만 이번에는 전염병처럼 번진 빵 폭동이 정치적 분위기에 직접 영향을 미쳤다. 가장 격렬한 폭동은

1789년 4월, 전국신분회 선거 시기에 파리에서 일어났다. 포부르생앙투안의 벽지 제조업자 레베용은 1789년 4월 23일 선거인 회의에서 자신이 제조업 노동자 350명에게 지나치게 높은 임금을 지급해야 한다고 불평하여 인민의 분노를 샀다. 레베용은 좋은 고용주라는 평판을 얻고 있는 터였으나 나흘 뒤 시위가 일어났고 결국 경찰이 경비를 서고 있었는데도 주로 직공, 소규모 장인, 노동자로 이뤄진 성난 군중이 레베용의 집을 습격하고 약탈하는 사태가 벌어졌다. 폭동을 진압하는 과정에서 수백 명이 목숨을 잃었다. 시위대는 "제3신분 만세"나 "국왕 폐하 만세, 네케르 만세"와 같은 구호를 외쳤다. 하지만 이는 정치적 민중운동의 활동이라기보다 '공정 가격'과 '선한' 왕의 구제 의무라는 오랜 사고와 행위의 표현이었다. 레베용 폭동은 혁명의 서막일 뿐이었다.

2. 세 가지 사건 (1789년 여름)

 1789년 4월 말, 약 1200명의 대표가 베르사유에 모였다. 이들은 장엄한 개막 행렬을 통해 겉으로는 온전해 보이는 신분제 군주정의 의식을 경험하기 위해 왔다. 하지만 이들은 1791년 가을까지 베르사유와 파리에 머물며 헌법 혁명의 극적인 사건들을 몸소 겪고 그 흐름을 주도하게 되리라고는 상상조차 하지 못했을 것이다. 1614년에 마지막으로 전국신분회가 소집되었을 때 대표들은 왕에게 자신들의 고충을 전달한 후 곧바로 귀가 조치되었다. 그러나 1789년 5월, 대표들이 마주한 것은 약하고 우유부단한 군주였다. 그는 언제나 미온적으로 정치 상황을 뒤따라가는 데 급급했으며, 국민의회의 자체 선포 직후 곧장 정치적 반대 세력과 맞서게 되었다. 이 세력은 결국 권력의 유일한 중심이 되어 군주의 정당성을 무너뜨린다.

전국신분회에서 국민의회로: 헌법 혁명

이미 개회식 자체가 제3신분 대표자들에게 그들의 열등한 지위를 분명히 보여주었다. 각 신분 구성원들을 맞이하는 환영식에서부터 의례 질서가 제3신분을 굴욕감에 빠뜨렸다. 제3신분은 대열의 맨 앞쪽, 왕에게서 최대한 멀리 떨어진 자리에 배치되었다. 생루이교회에 도착했을 때 제3신분 대표들은 자리를 스스로 찾아야 했다. 귀족과 성직자를 위한 지정석만 마련되어 있었기 때문이다. 제1신분과 제2신분의 대표들은 각자의 계급을 나타내는 화려한 복장을 하고 참석한 반면, 제3신분의 대표들은 검은색 양복, 검은색 스타킹, 검은색 외투를 걸쳐야 했다.

5월 5일, 루이 16세가 짧고 무의미한 연설로 개회를 알렸다. 이어 재무총감 네케르가 조세 제도 개혁, 언론 자유, 형법 개정, 사법 행정 개혁 등 전국신분회에 기대하는 바를 장황하게 설명했다. 그러나 국가의 헌법에 관한 언급도, 여전히 미결 상태였던 투표 방식에 대한 설명도 없었다. 개혁에 대한 기대가 완전히 무너진 상황에서, 특히 제3신분 대표들은 자신들에게 정치 참여의 권리가 보장되지 않는 한 세금 인상에 대해 논의할 생각이 없었다. 이 주장에 힘을 싣고자 제3신분 대표들은 신분별로 따로 진행될 예정이던 순전히 기술적인 선거 검증 절차에 참여하지 않기로 했다. 그 대신 제3신분 대표들은 비질 프로뱅스신분회의 모범에 따라 그리고 영국 하원을 명확히 참고해 스스로를 코뮌 대표députés des communes라고 불렀다. 무엇보다 이들은 신분제 전통에 반하여 세 신분의 공동 심의와 머릿수 표결을 요구했다. 이는 성직자 대표 291명과 귀족 대표 270명에 대해 578명이라는 제3신분의 수적 우위를 부각해줄 것이다. 또한 제3신분이 가장 큰 집단으로서 국민을 대표할 권리가 있다는 그들의 주장이 가시화되고 다른 두 신분의 대표들도 점차 이러한 해석과 헌정 변화에 동참할 것이라는 기대를 실현해줄 것이다. 실제로 세 신분의 대표들은 각자의 사상과 이해관계의 측면에서 거의 결속되지 않았다. 대표들이 주도하는 혁명이 가능했던 것은 신분이나 이해관계에 얽매이지 않고 행동한 이들이 상당수 존재했기 때문이다. 귀족 신분의 거의 3분의 1에 해당하는 90명의 귀족이 계몽적, 자유주의적 성향을 보였으며, 제1신분의 경우 3분의 2가 하위 성직자로 구성되어 있었다. 이들은 고위 성직자에게 비판적이었던 만큼 개혁에 열린 태도를 보였다. 하지만 46명에 불과했던 주교 가운데서도 오툉의 주교 탈레랑처럼 자유주의 성향을 지닌 인물들이 있었다. 제3신분은 처음부터 특히 단결력이 강했다. 600명에 달하는 제3신분 대표자 중 절반 이상이 변호사와 공증인이었으며 이 외에도 관료, 대상인, 제조업자 등이 포함되었다. 몇몇 대표는 다른 두 신분의 출신이었는데, 예컨대 시에예스 신부나 미라보 백작이 이에 해당했다.

개회식 이후 5월 한 달 동안은 표면적으로 기다리는 분위기가 이어졌다. 그러나 제3신분 대표들은 회동하여 '30인협회Société des Trentes'와 '브르타뉴위원회Comité breton'와 같은 비공식 서클을 구성하고 향후 행동 계획을 논의했다. 그 와중에 성직자들이 점차 동요하기 시작했다. 6월 12일에는 그레구아르 신부를 비롯한 첫 이탈자들이 제3신분에 합류했다. 6월 17일에 코뮌(앞서 언급한 바와 같이 제3신분 대표들은 스스로를 코뮌 대표라 불렀다-옮긴이)은 자신들을 국민의회로 선포할 만큼 충분히 힘이 세졌다고 느끼기에 이르렀다. 그들은 자신들이 '적어도 국민의 96퍼센트'를 대표하며, 따라서 '국민의 일반의지'를 대표한다는 명제를 선전함으로써 혁명적 행위를 단행했다. 정치적 신앙 고백 행위를 통해 개별 단체와 신분의 대표이자 이해관계의 대변자였던 그들이 전 프랑스의 대표자로 변모한 것이다. 이와 함께 국민의회는 다른 두 신분의 정치적 권리에 의문을 제기하고 성직자와 귀족 대표들도 참여할 수 있는 새롭고 불가분한 전체 대표 기구로서 권리와 기능을 주장했다. 이는 신분제 의회가 이제껏 가져본 적이 없는 권한이었다. 국민의회는 국민 전체를 대표한다고 주장했다. 이는 지금까지 오직 왕에게만 속하는 권한이었다. 국민의회의 주장은 처음에는 비록 숨겨진 형태였지만 전통 지배 질서를 향한 투쟁 선언이었다. 그러나 진정한 힘겨루기는 아직 시작되지 않았으며, 단계적으로 전개될 예정이었다.

제3신분의 혁명적 발걸음은 엄숙한 충성 서약을 통해 상징적으로 확인되었고 제1신분과 제2신분의 대표들, 특히 왕에게 결정을 내리도록 강요했다. 6월 19일에 성직자들이 근소한 차이(149 대 137)로 합류를 결정했다. 제2신분에서는 개혁에 열려 있던 소수 대표 80명이 이에 동참했다. 이에 반해 신분제적 지배 질서를 고수하고자 한 대표들은 왕을 중심으로 결집했다. 몇 주 전만 해도 왕의 권력을 제한하려 했던 자들이다. 루이 16세는 마를리성에서 자유주의 성향의 장관들과 떨어져 반동적 궁정 인사들에 둘러싸인 채 결단을 내리는 쪽으로 기울어 왕립 회의séance royale를 6월 23일에 소집한다고 공포했다. 그리고 그날까지 혁명 의회의 회의장 입장을 막으려 했다. 혁명 의회 대표들은 6월 20일 실내 테니스 코트에서 모여 헌법이 제정될 때까지 해산하지 않겠다고 서약했다. 이는 한 걸음 더 나아간 혁명적 행위였다. 이를 통해 혁명 의회는 뒤이어 열리는 제헌의회의 역할을 법적으로 확립했고 그 결의에 상징적으로 일종의 종교적 엄숙함을 부여했다. 6월 22일 생루이교회에서 다수의 성직자와 일부 귀족이 합류하면서 결의와 단합의 인상은 더 강해졌다. 왕은 6월 23일 열린 신분제 전체 회의에서 군주의 화려함을 과시하며 장엄하게 입장한 후 군사적 위협의 몸짓과 함께 며칠 전 혁명 회의가 선포한 모든 것을 무효로 되돌리려 했다. 그러나 혁명 의회 구성원들은 독립성을 주장하기 위해 통상적 의례를 따르지 않고 왕이 참석한 가운데서도 모자를 벗지 않았다. 왕은 연설에서 개혁을 약속했지만 이는 정치 사회의 신분 구조를 변경하거나 특권을 침해하지 않는 선에서만 이루어질 것이었다. 왕은 여전히 신분회는 신분별로 따로 개최해야 한다고 주장하며 이를 거부하면 무력으로 해산시키겠다고 경고했다.

정치적 발전은 몇 달 전만 해도 동의를 얻었을 법한 이 최소한의 프로그램을 훨씬 넘어서 있었다. 의원들은 의전 역시 더는 준수하지 않았다. 왕의 지시에 복종하라는 의전대관에게 바이(장 바이. 국민의회 초대 의장으로 선출된 천문학자-옮긴이)는 "여기 모인 국민은 명령을 받지 않는다"고 선언했고, 미라보는 총검의 힘으로만 우리를 몰아낼 수 있다고 덧붙였다. 미라보는 역으로 의회에서 반론과 토론의 권리를 요구했다. 왕은 주저하다가 총검의 힘을 일부 사용했지만 굴복할 수밖에 없었다. 귀족들이 제3신분을 보호하려 나서고 왕의 사촌인 오를레앙 공작이 이끄는 귀족 47명이 의회에 합류했기 때문이다. 6월 27일 루이 16세는 결국 승복하여 지금까지 정치적 발전에 저항하던 상위 두 신분에게 국민의회에 합류하라고 명했다. 그러나 제3신분의 승리는 여전히 위태로웠다. 이는 군대가 베르사유 인근과 혼란스러운 수도 파리 주변에 위협적으로 집결하면서 명확히 드러났다. 여기에 더해 7월 11일 네케르의 해임은 제3신분에 대한 상징적 도전이었고 이것이 파리의 격앙된 분위기를 더욱 고조시켰다.

빵과 자유: 도시의 민중 혁명

베르사유의 헌법 혁명은 파리에서의 수도 혁명과 이후 프로뱅스 도시들에서 일어난 혁명을 통해 구출된다. 이와 함께 민중, 즉 이제까지 사건들을 정치의 관객이나 대상으로서만 체험해온 사회 계층과 행위자들이 정치 무대에 올랐다. 정치 무대 역시 거리와 광장으로, 팔레루아얄이나 옛 교회와 수도원 같은 야외 집회 장소로 확장되었다. 결국 혁명이 사회적, 지리적으로 확장됨에 따라 정치적 논쟁 방식도 확장되어야 했다. 의회 연설과 정치 팸플릿에 사회적 정서와 감정이 더해졌다. 정치적 흥분과 열띤 논쟁 그리고 두려움과 소문이 파리의 분위기를 지배했다.

이미 1789년 7월 이전부터 팔레루아얄과 거리에서는 시에예스의 글과 군주제 지지자들의 반박문이 뜨겁게 논의되었다. 민중 연사들은 관심을 끌기 위해 애썼고 선동적 연설로 공포와 경악을 증폭시켰다. 젊은 변호사 카미유 데물랭은 임박한 군사적 탄압을 경고하며 민중에게 무장을 촉구했다. 이러한 분위기에서 자발적 폭력이 폭발했다. 세관 건물 45곳 중 40곳이 파괴되었고 수도원이 약탈당했다. 사람들은 곡식과 무기를 찾고 있었다.

사람들은 생라자르수도원, 무기 공장, 바스티유 등에서 곡식과 무기를 찾았다. 7월 14일 무장한 파리 시민 8000명이 바스티유요새를 포위했다. 바스티유요새 사령관 로네 후작은 오랜 협상 끝에 군중에게 발포했다. 이 과정에서 포위 군중 가운데 98명이 사망하고 73명이 다쳤다. 분노한 군중은 요새를 함락한 후 보복으로 수비대원 일곱 명과 사령관을 린치했다. 이후에 명예의 목록에 이름을 올린 '바스티유의 승자들'은 누구였을까? 행위자 662명 중 소수만이 부르주아지 출신이었다. 대다수는 서민, 소시민에 속했다. 이들은 30개 이상의 다양한 수공업 직종의 상인, 수공업자, 직공, 임노동자들이었으며, 특히 목수, 가구 제작자, 대장장이, 재단사, 벽돌공, 와인 상인이 많았다.

바스티유 습격은 다양한 정치적 결과를 가져왔다. 우선 이 사건은 국민의회를 구하고 권력 교체를 정당화하는 계기가 되었다. 파리의 제3신분 선거인들은 전국신분회 대표를 선출하고 폭력 사태를 해결하기 위해 시민

그림 1. 1789년 7월 14일 바스티유 함락은 전제정치에 대한 저항과 자유의 상징이 되었다.

군을 조직하기 시작했다. 그들은 천문학자 바이의 지도 하에 파리 시청에 임시정부를 구성했으며, 미국독립전쟁의 프랑스 영웅 라파예트가 군사 지휘를 맡았다. 7월 17일 이른 아침, 왕의 막냇동생인 아르투아 백작이 나라를 떠났다. 이는 군주정의 권력 붕괴에 대한 반응으로, 그는 망명의 첫 물결에서 가장 눈에 띄는 인사였다. 왕은 새로운 권력관계에 겉으로는 굴복한 듯 보였다. 왕은 공식적으로 국민의회를 인정하고 질서 회복을 위한 지원을 요청했다. 이때는 그가 새로운 권력관계를 따르는 듯 보였다. 왕은 네케르를 다시 내각으로 불러들였고, 이어 7월 17일 반란의 수도 파리를 방문해 민중 봉기를 승인하는 모습을 보였다. 하지만 부르주아 정치혁명은 도시인구의 집단행동으로 딜레마에 빠졌다. 부르주아혁명가는 모두 스스로를 계몽주의의 신봉자라고 여겼다. 그들은 이 같은 난폭한 폭력의 폭발을 어떻게 받아들여야 했을까? 계몽되지 못한 계층이 절대주의 통치의 잔혹한 처벌 의식에 반응하여 자행한, 이해할 만한 복수 행위로 받아들여야 했을까? 아니면 비합리적이고 야만적인 과잉 행위의 재발로 보고 그로부터 거리를 두어야 했을까? 아니면 혐오스럽다고 느끼더라도 그 행위들을 정당화해야 했을까? 여하튼 이 시점부터 폭력 문제는 정치적 의제가 되었다.

바스티유 습격 사건이 일회적 일탈에 그치길 바랐던 몇몇 논객의 희망은 물론 이루어지지 않았다. 바스티유 습격은 전국에서 일어난 자발적 대중 봉기를 통한 일련의 지방 권력 장악 중 가장 극적인 사례였을 뿐이다. 프랑스 전역의 프로뱅스 도시나 작은 마을에서 혁명적 집회와 봉기, 정치 클럽과 시민군의 결성, 공개 토론과 폭력 사태가 일어났고 이는 왕권의 붕괴로 이어지거나 이를 촉진했다. 지방 공간에서 혁명적 권력 장악이 이루어진 후에는 어디에서나 일반 세금 및 부과조 납부 거부, 상징적이고 물리적인 파괴 행위, 군대의 명령 거부나 민간인과의 친목 행위가 뒤따랐다. 그리고 이는 프로뱅스의 동원과 정치화의 시작이었다.

대공포 또는 농민의 반봉건 혁명

1789년 6월과 7월에 베르사유와 파리에서 일어난 사건들의 훨씬 더 극적인 결과가 도시 혁명과 함께 나타났다. 농민 봉기와 성城 습격, 집단 공포 심리가 그것이다. 1788년 12월 이래 프로방스, 프랑슈콩테, 북부 프랑스 지역과 파리 분지의 농민들은 납세와 영주에게 바치는 부과조 납부를 거부했다. 국민의회가 제정한 새로운 법률에 관한 소식과 함께 궁정과 군대에 의해 국민의회가 심각한 위기에 처했다는 소식, 파리에서 벌어진 혁명적 사건들에 관한 소식은 농민들의 흥분과 저항을 더욱 고조시켰다. 농민들은 더 나은 시대에 대한 희망과 동시에 귀족들의 복수에 대한 두려움에 휩싸였다. 한창 수확기였다. 들판을 떠돌던 거지 떼가 혹시 영주들의 사주를 받은 자들이 아니냐는 의심이 번졌다. 이들은 수확물을, 나아가 농민의 생계와 혁명에 대한 희망을 파괴하려는 게 아니었을까? 이러한 두려움은 마치 물결처럼 마을에서 마을로 퍼져나갔고 (브르타뉴와 동부를 제외한) 거의 전국에 영향을 미쳤다. 농민들 사이에 공포와 공황이 퍼졌다. 농민들은 낫과 창을 들고 무장하기 시작했다. 이제 이들의 분노와 적개심은 영주와 봉건 지배 체제로 향했다. 약탈이 일어났고 공동체 소유의 방앗간을 돌려달라는 요구가 이어졌으며, 무엇보다 봉건 문서들이 보관된 문서고가 파괴되었다. 이러한 집단 공포와 폭력의 비정상적이고 원초적인 폭발은 대공포grande peur로 알려지게 되었다. 물론 이러한 봉기는 농민 반란의 오랜 전통에 뿌리를 두고 있었고 나름의 고유한 논리를 가지고 있었다. 하지만 발발과 결과는 혁명과 밀접한 관련이 있었다. 농민들은 시민의 정치 언어를 받아들였고 그들의 행동은 베르사유와 파리의 정치 발전을 가속했다. 게다가 1789년 여름의 봉기는 고유한 반反자본주의적이며 보호주의적인 목표를 가진 농민 혁명으로서 계속될 것이었다. 이러한 점에서 농민 혁명의 사회경제적 관념은 부르주아혁명의 개인주의적 소유 구상과 뚜렷이 구별된다. 그러나 기존 질서에 맞서는 혁명 운동으로서 농민 혁명은 파리 정치 무대에서 벌어진 혁명 사건들과 밀접하게 연결되었고 혁명을 촉진하거나 반혁명적 행동으로 구체화할 수 있었다. 따라서 농민 혁명은 혁명이라는 전체 현상의 일부가 될 수 있었다.

농촌에서 성이 불타고 있다는 소식은 국민의회 의원들을 동요하게 했다. 토지 소유자로서 자신들의 이익이 위태로워지기도 했지만 당시 그 기초를 논의 중이던 부르주아적 소유 체제 역시 전체적으로 위협받았기 때문이다. 이에 의원들은 8월 4일에서 5일로 넘어가는 밤 회의에서, 이전에 브르타뉴클럽에서 미리 논의한 내용을 바탕으로 신속히 대응했다. 이는 그들의 행동 능력을 입증하기 위한 것이기도 했다. 공황과 자발적 포기, 과장된 몸짓이 난무하는 기묘한 분위기 속에서 상위 두 신분의 자유주의적 대변인들은 애국적 희생의 상징적 행위로 자신들의 특권을 포기하고 봉건적 부과조를 폐기했다. 연설 중의 장엄한 몸짓은 희생 의식을 마무리하는 강렬한 선언과 어울렸다. "국민의회는 봉건제를 완전히 폐지한다"는 선언의 제1조는 전국적으로 열렬한 갈

채를 받았다. 뒤이은 조항들은 그만큼 격정적이거나 기억에 남을 만한 인상을 주지는 못했다. 이 조항들은 다양한 특권과 봉건적 부과조 전체를 반영했다. 비둘기장과 토끼 사육장, 수렵권과 부역, 파문, 영주 재판권, 관직 매매 그리고 프로뱅스와 도시의 모든 특권이 폐지되었다. 이후 며칠 동안 마련된 시행 세칙들은 이러한 선언적 초안의 많은 부분을 다시 제한했다. 이는 시장 지향적 농업 경제를 운영할 수 있는 이들의 입장을 반영하며 사유재산제적, 농업 자본주의적 질서의 사회적 이해관계와 구조를 명확히 드러냈다. 봉건 질서를 폐지한다는 일반적 원칙 결의가 곧 제한받았기 때문이다. 인신적 특권만 아무런 보상 없이 폐지되었을 뿐 영주 소유체제의 중요한 요소였던 토지와 연관된 부과조는 폐지되지 않았다. 이는 민법적 관점에서 불가침한 재산으로 간주하여 보상을 통해서만 해소될 수 있었다.

세 혁명의 얽힘

특권과 신분의 옛 프랑스에 대한 이별의 노래는 새로운 개인의 자유를 천명한 '인간과 시민의 권리선언'으로 끝을 맺었다. 인권선언에 관한 국민의회의 심의는 대공포의 영향으로 8월에 잠시 중단되었으나 곧이어 8월 26일에 마무리되었다. 마침내 관련 위원회와 본회의에서 문안에 대한 타협이 이루어졌으며, 이는 새로운 질서의 의미 있는 증거가 되었다. 인권선언은 또한 계몽주의의 추상적 원칙을 정확하고 인상적인 법조문의 형태로 주조하려는 성공적 시도였다. 여기서 19세기와 20세기 유럽 헌법 전통의 중요 원칙들이 계발되었다. 인민주권, 개인의 자유권, 법 앞에 평등, 자유로운 소유권, 대의제 헌법의 원칙들이 그것이다. 텍스트는 전체적으로 모호했지만 유럽 자유주의의 창립 문서가 되었다. 텍스트는 자의적 권력으로부터 시민의 보호를 강조했으나 무산자, 노예, 여성에 대해서는 거의 언급하지 않았다.

1789년 8월의 두 '기본법', 즉 봉건제 폐지에 관한 법령과 '인간과 시민의 권리선언'은 왕의 저항에 부딪혔다. 왕은 자신이 사후 승인한 국민의회에 새로운 통치와 헌정 질서를 수립할 권한이 있음을 인정하지 않았다. 가을에도 만연한 식량 위기로 도시에서 새로운 사회적 동요가 발생하면서 1789년 여름의 정치적 승리가 다시 위협받는 상황이 되었다. 이때 소시민들의 사회적 저항이 다시 한번 혁명을 지지하고 강화하는 역할을 했다.

이번에는 무엇보다도 파리 시장의 여성들이 주도적으로 나섰다. 비싼 빵값에 대한 분노로 시작된 이들의 항의 행진은 베르사유까지 이어졌으며, 약간의 거리를 두고 국민방위대가 그들을 따라갔다. 여성들은 베르사유에서 국민의회에 난입하고 왕에게 대표단을 보냈다. 이 때문에 왕은 마음을 바꾸어 논란이 된 법령을 승인했다. 그러나 파리 시장의 여성들은 더 많은 것을 원했다. 그들은 왕과 그의 가족을 강요하여 파리로 돌아오게 했다. 겉으로 보기에 파리로 돌아오는 여성들의 개선 행렬은 오랜 믿음에 바탕을 둔 상징적 행위였다. 이 믿음에 따르면 왕의 신비로운 힘이 일용할 양식을 보장할 수 있었다. "우리는 제빵사, 제빵사 아내, 제빵사 아들을 잡았다." 여성들이 소리쳤다. 사실 왕이 파리로 강제 이주하게 된 사건은 군주정의 힘이 더욱 약화했음을 의미한다. 왕의 권력은 이제 도시 민중의 손아귀에 있었다. 10월 12일 파리로 옮겨간 국민의회는 새롭게 그 힘을 공고히 했지만 동시에 이 모든 성과가 민중의 무장 행동 덕분이라는 사실을 인식했다. 이 도시 민중 혁명의 두 번째 물결은 7월 14일에 일어난 첫 번째 물결보다 훨씬 더 결정적으로 작용했다. 혁명의 주요 행위자 사이의 비중이 명확히 바뀌었기 때문이다. 베르사유와 수도 파리, 농촌이라는 세 혁명의 중심지는 마치 '망원경처럼'(퓌레) 서로 끼워져 혁명을 더욱 가속했다. 이제 제헌 국민의회는 도시 대중의 압력하에 놓이게 되었다. 도시 대중은 이후의 전개 과정을 끊임없이 주시하며 새로운 압력을 가했다. 이 긴장된 상황을 보여주는 징후는 10월 21일의 계엄법 선포와 10월 5일과 6일의 범죄행위를 조사할 특별 법정 comité de recherches(조사위원회)의 설치였다. 이 법안들의 목적은 앙시앵레짐 지지자들을 추적하는 데 있었다. 하지만 이는 동시에 민중의 처벌 요구에 부응하기 위한 특별 재판권으로 가는 관문이 될 수도 있었다.

3. 프랑스의 재구성(1789~1791년)

'인간과 시민의 권리선언'과 함께 국민의회의 다음 과제가 정해졌다. 제헌의회로서 프랑스의 새 질서를 위한 법적, 제도적 조건을 마련하는 일이었다. 의원들은 비범한 열정을 발휘하여 약 2년이라는 짧은 시간 안에 거의 모든 공공 생활의 영역을 법률과 제도로 새롭게 조직하는 데 착수했다. 국민의회는 31개의 위원회로 나뉘어 활동하며 의회 작업을 수행했다. 이러한 활동은 신문과 정치 클럽에서 형성된 정치 담론을 통해 광범위한 대중의 지지를 얻었다. 국민의회와 위원회의 연단에서는 약 100명에 달하는 의원으로 구성된 그룹이 점차 두각을 나타내며 지도적 정치 세력으로 부상했다. 식량 공급의 안정은 1790년의 낙관적 분위기를 촉진했다. 이는 1789년과 1790년의 풍작 덕분에 민중의 분위기가 나아진 결과였다.

국민과 헌법

국민의회가 제시한 방대한 입법 프로그램은 사회적 배경이나 지역 출신에 관계없이 모든 프랑스인이 공유하는 국민 정체성에 대한 근본적 신념을 바탕으로 했다. 행정, 군대, 교회를 포함한 공공 생활의 모든 영역에서 조합적 권리와 위계 전통이 시민의 평등, 책임, 선택 가능성 및 일반 접근성이라는 새로운 사회 해석과 조직 방식으로 대체될 듯 보였다. 앙시앵레짐에서 행정과 일상생활은 왕의 관료들의 통제하에 지역 고유의 다양성에 의해 규정되었다. 그러나 이제 모든 수준에서 관리가 선출되었고 제도는 전국적으로 동화되었다. 이러한 재조직을 상징적으로 보여주는 사례가 1790년 2월에 신설한 83개 데파르트망département(도道)이다. 데파르트망은 불균등하게 구조화되어 있던 기존의 다양한 프로뱅스를 대체했다. 행정단위는 캉통canton(면面), 디스트릭트district(군郡), 데파르트망으로 축소되었는데 그 근본 취지는 중심지에 대한 시민의 접근성을 보장하는 것이었다. 따라서 시민이 자신의 행정기관이나 투표 장소까지 가는 데 말을 타고 하루 이상 걸리지 않도록 설계되었다. 지방 차원에서는 이제까지의 교구에 기초하여 4만

1000개의 세속 코뮌이 자치행정의 기초로 설립되었다. 국민 통합 작업은 국어의 창출을 통해 위로부터 추가로 촉진되었다. 국어는 프로방스인과 브르타뉴인을 프랑스인으로 만들어줄 것이다. 그레아구르 신부의 냉정한 조사 결과에 따르면 당시까지 프랑스어가 실제로 사용된 지역은 15개 데파르트망에 불과했기 때문이다.

마지막으로 인권선언과 헌법 역시 국민의 동질화라는 목표를 추구했다. 인권의 약속은 지켜졌다. 1789년 말에 신교도에게, 1790년 1월에는 보르도와 아비뇽의 세파르디 유대인(디아스포라 이후 이베리아반도에 정착한 유대인의 후손. 프랑스 유대인은 거의 세파르디다-옮긴이)에게 그리고 나중에는 알자스의 세파르디 유대인에게 완전한 시민권을 부여했다. 하지만 식민지 유색인들에게는 여전히 주저하거나 거부하는 태도를 보였다. 도량형은 십진법 체계로 통일했다. 이러한 변화는 일상생활 깊숙이까지 영향을 미쳤다.

사법 체계 또한 통일했으며, 그 구조와 절차는 법 앞에 평등과 인도주의를 원칙으로 삼았다. 사형에 해당하는 중범죄 목록은 축소되었다. 사형은 이제부터 보건위원회 위원장 조제프 기요탱 박사가 설계한 좀더 인도적인 처형 기계로 집행하게 되었다. 재정 법률과 행정 분야에서도 새로운 규정이 필요했다. 마지막으로 혁명은 국가 부채 문제에서도 군주정의 유산과 씨름해야 했다. 최종 파산을 막기 위해 의회는 1789년 12월 교회 재산을 국유화했다. 교회 재산을 몰수하고 이를 매각하여 새로운 정부 보증 지폐인 아시냐assignat를 발행했다. 이러한 조치는 교회뿐만 아니라 종교 생활과 문화적 전통에 깊이 영향을 미쳤다. 교회가 궁핍해지면서 성직자들은 국가에서 급여를 받게 되었고, 이는 그들이 국가와 헌법에 종속되는 결과를 초래했다. 성직자 기본법은 교회와 성직자들이 사제 선출을 포함한 정치적 변화를 서약으로 인정하도록 강제했는데, 이는 문화 투쟁의 결정적 갈등점이 되었다. 여기서 혁명과 교회의 동맹이 무너졌고 성직자들이 선서 때 신앙고백과 충성을 강요받음으로 인해 발생한 갈등은 나라를 두 진영으로 분열시켰다.

모든 새로운 질서의 초석이자 곧 정치적 논쟁의 갈등 지점이 되었던 것은 새로운 프랑스가 스스로에게 부여하고자 했던 헌법이다. 인민주권의 원칙은 헌법과 함께 제도로 구현되어야 했다. 왕과 의회 사이의 정치적 쟁점은 장래의 입법의회를 통한 정치적 의사 형성의 구조와 왕의 관계에 있었다. 마침내 단원제를 채택한 후에는 왕의 거부권에 대한 타협이 필요했는데, 이는 최종적으로 왕의 이의 제기는 두 차례의 입법 회기 동안 유효할 수 있다는 내용으로 합의되었다. 행정부와 관련한 그 외의 규정들은 훨씬 더 단호했으며 왕의 권한을 완전히 새롭게 조정했다. 1789년 10월 10일부터 루이 16세는 더는 '신의 은총에 의한 프랑스와 나바르의 왕'이 아니라 '신의 은총과 헌법에 따른 프랑스와 나바르의 왕'이었다. 왕은 헌법의 한 기관으로 격하되었고 프랑스는 이제 왕의 소유가 아니었다. 왕은 반역죄를 범하거나 국민의회의 허가 없이 나라를 떠나면 폐위될 수 있었다. 장관은 왕이 임명했지만 국민의회에 책임을 졌다. 왕은 장관들의 부서府署 없이는 어떠한 결정도 내릴 수 없었다. 헌법의 정신과 문구에 따라 왕의 통치 능력은 이미 크게 제한되었으며, 정치 현실에서 왕의 지위는 사실상 무력함으로 기울어졌다.

장기간의 열띤 논쟁 끝에 여성과 '수동 시민'은 제도적으로 규정된 정치 의사 결정 과정에서 배제되었다. 다수의 견해에 따르면 정치적 참여권을 행사하려면 적절한 교육과 안정적 생계유지라는 자격을 갖춰야 했다. 이에 따라 '능동 시민'과 '수동 시민'이 구별되었다. 수동 시민에는 성인 남성의 약 40퍼센트가 속했는데, 이들은 최소 3일 치 일당에 해당하는 액수의 직접세(연간 2~3리브르)를 내지 못하는 사람들이었다. 오직 능동 시민만이 선거인을 선출할 수 있었으며, 선거인이 되기 위해서는 최소 10일 치 일당에 해당하는 세금(연간 7~10리브르)을 납부해야 했다. 국민의회 의원이 되기 위해서는 최소 50리브르의 세금을 내야 했다. 이 재산 평가 시스템에 따라 430만 명의 시민이 능동 시민으로 간주되었으나 그중 선거인은 5만 명뿐이었다. 재산 기준에 따른 선거권 제도는 1789년 12월 말, 453표 대 443표라는 근소한 차이로 의결되었다. 이는 정치 논쟁의 주요 쟁점이 되었으며, 특히 민중운동을 동원하는 데 활용되었다. 혁명의 규범적 요구와 모순될 수 있는 사회 질서가 나타났기 때문이다. 이와 함께 인권선언에서 드러난 개념의 모호성도 해소되었다. 곧 '부르주아지' 개념이 유한계급과 동의어로 사용되었고 시민citoyen은 국민을 지칭하는 용어로 자리 잡았다.

혁명가들이 구상한 새로운 사회를 이루는 데 중요한 기반이 된 것은 법과 사회정책과 관련해서 내린 단호한 결정들이었다. 1790년 6월, 세습 귀족제가 폐지되었고 이후 귀족 작위도 사용할 수 없게 되었다. 이 결정은 특히 귀족 출신 장교들 사이에서 큰 반발을 일으켰다. 동시에 봉건제 폐지와 관련하여 1789년 8월의 법령이 시행될 예정이었지만, 이를 구체적 법률로 제정하고 영주 지배가 뿌리를 내린 사회경제 현실에 적용하는 과정에서 포괄적 개혁의 어려움이 드러났다. 농민들은 봉건제 폐지를 선언한 법령의 상징적 서두를 진지하게 받아들였지만 영주의 관습법에 근거한 상환 요구를 검증하고 반박하는 일이 얼마나 어려운지 곧 깨달았다. 마침내 1790년 5월 3일에 부역corvées, 영주 소유 시설 사용료banalités 및 그 밖의 봉건 토지세 등을 현금의 경우 연납 액수의 20배에 해당하는 금액으로 상환할 수 있다는 규정이 마련되었다. 1790년 봄, 농민들은 이 같은 법 제정에 대한 환멸을 새로운 농민 반란의 형태로 드러냈다. 한편으로 농민 공동체는 새 법을 이용해 대책을 강구했다. 농민 공동체는 영주들에게 요구가 법적으로 정당한지 입증하라고 강요했다. 다른 한편으로 이러한 행동은 종종 불법적 거부 행위로 이어졌는데, 지대를 내지 않거나 성을 다시 습격하며 물리적으로 저항을 표현하거나 자유의 나무 주변에서 자발적 축제를 열어 상징적으로 저항을 표현했다. 자유의 나무와 함께 혁명의 새로운 상징이 탄생했다. 전통적으로 봄의 생명력을 상징하던 '5월의 나무arbre de mai'가 사회적, 정치적 재생의 상징으로 재해석되었다. 혁명을 통한 '재생' 작업을 전체적으로 특징짓는 파괴와 신질서의 변증법이 저항하는 농민들의 상징적 행위를 규정했다. 자유의 나무를 세우는 행위는 교회 첨탑의 풍향계 철거나 교회 의자의 파괴와 같은 신분적, 봉건적 위계를 상징하는 요소들을 제거하는 행동과 이어져 있었다.

부르주아적, 개인주의적 사회라는 이상은 조합 전통으로부터의 해방을 예고하는 동시에 새로운 형태의 종속을 예고하는 또 다른 결정을 낳았다. 1791년 3월 2일에 조합과 길드, 동업조합이 폐지되었고 같은 해 6월 14일에는 르 샤플리에 의원의 제안으로 노동자 단체 결성과 파업이 금지되었다. 직인職人과 노동자들은 법률적으로 장인 및 기업가와 동등한 위치에 놓인 것으로 보였으나 사회 현실에서는 경쟁의 희생자가 되기 십상이었다. 결사와 파업이 금지됨으로써 조직적 연대의 친숙한 방식과 새로운 방식 모두를 수십 년 동안 박탈당하게 되었기 때문이다.

의회와 클럽, 왕과 민중: 권력의 분할

1791년 가을, 마침내 공포된 헌법은 다수의 의원에게 타협의 결과이자 이를 통해 혁명을 마무리할 수 있으리라는 희망의 출발점이었다. 국왕에게 헌법은 혁명을 멈추고 자기 뜻에 따르는 질서를 복구하기 위한 국내 정치적 수단이었다. 제헌의회의 민주적 반대파에게 헌법 타협의 결과는 전혀 만족스럽지 않았다. 그들은 군주정의 세습성과 궁정의 존속, 선거권 문제를 격렬히 비판했다. 이로 인해 헌법이 내부의 안정이라는 과제를 이루기 어려울 것은 이미 예견된 일이었다. 특히 그사이 의회 내부의 대립이 굳어진 데다 도시 민중운동이 정치화되고 급진화되었기 때문이다.

1789년 가을 헌법 심의 이후 국민의회 내부에서 정치적 집단들이 형성되었고 이에 따라 상이한 정치적 입장들이 표출되었다. 또한 입법 작업과 이에 따른 사회 정치적 결정에 대한 반응으로 정치 클럽들이 곧바로 결성되었다. 도시 민중 혁명 활동가들은 다른 길을 걸었다. 이들은 자신들이 차별적이라고 여긴 선거권 결정에 불만을 표출하고 사회적 개방성과 평등주의적 목표를 내세우며 이러한 클럽들, 특히 헌법의벗Amis de la Constitution협회와 자신들을 구별했다. 헌법의벗협회는 버려진 자코뱅수도원에서 모임을 가졌으며, 처음에는 모든 애국자를 결집하려 했다. 정치적, 사회적 지형의 균열은 국민 단합이라는 비전 뒤에 은폐되었다.

원칙적으로 정파 결성은 개인주의의 이상을 위협한다고 여겨져 혐오받았다. 하지만 국민의회에서는 베르사유에서 회기가 진행되는 중에도 회의장 오른편에 보수파들이 모였다. 이들은 장 모리 신부와 자크 드 카잘레스를 중심으로 결집했으며 특권파aristocrates 또는 흑색파noirs로 불렸다. 이들은 1789년 8월 법령이 선포된 후 혁명에 단호히 반대하는 입장을 취했다. 회의장 왼편에는 민주적 헌법에 대한 지지를 분명히 하기 위해 스스로를 입헌파constitutionnels라 부르던 애국자들이 자리했다. 이들의 주요 지도자는 시에예스, 미라보, 바이였다. 여기에는 이른바 삼거두로 불리며 여전히 왕과 관계를 맺으려 노력하던 바르나브, 뒤포르, 알렉상드르 드 라메트도 있었다. 이들 사이에는 독자적 헌법 논의를 전개하며 특히 영국 군주정을 모범으로 한 양원제 의회를 지지하는 그룹도 존재했다. 이 왕당파monarchiens에는 말루에 의원과 무니에 의원이 속했다.

국민의회가 정치의 중심을 이루기는 했지만 왕과 각료들로 이루어진 정부가 여전히 공식 행정부로서 존재했다. 라파예트와 같은 의원들은 점점 더 정부 기구에서 비공식적 영향력을 행사하려 했고 자신들이 선호하는 인물을 장관직에 임명하려 했다. 이러한 이유로 역사학자들은 1789년 10월부터 1790년까지를 '라파예트의 해'라고 부른다. 라파예트는 파리 국민방위대 총사령관이라는 지위와 미국독립전쟁 이후 자신을 둘러싼 영웅 전설을 활용해 국민의회와 왕 사이에서 중재자로서 자리매김하며 왕을 통제하려 했다.

1790년 7월 14일 전 국민 화합의 축제, 즉 샹드마르스에서 열린 연맹제에서 라파예트는 조국의 제단에서 국민주권에 대한 충성 맹세를 가장 먼저 했다. 하지만 라파예트는 자신의 비범한 지위를 정치적으로 활용하기에는 정치적 경험과 전술적 재능이 부족했다. 저항운동에 맞서 군사적 질서와 공공질서를 유지하려 했던 만큼, 그는 대중의 지지를 잃어갔다. 라파예트의 정치적 한계를 누구보다 재빨리 간파한 사람은 라이벌 미라보

그림 2. 1790년 7월 14일, 통일과 국민 화합의 축제 연맹제에서 라파예트는 국민 주권에 대한 충성 서약을 가장 먼저 했다.

였다. 빼어난 연설가이자 숙련된 전술가였던 미라보는 왕에게 접근하여 영향력을 행사할 방법을 찾아냈다. 그러나 미라보는 타협을 통해 군주정을 구하려 시도하면서 자신과 자신의 역량을 과대평가하지 않았을까? 이에 대한 답은 알 수 없다. 미라보는 곧 병에 걸려 1791년 4월에 사망했다. 그 후 혁명은 통합력과 카리스마를 발휘하여 정치 질서를 안정시키고 나아가 군주정을 적응시켜 구해낼 지도자를 잃었다. 하지만 군주정의 적응은 이미 왕이라는 인물에서 실패할 수밖에 없었다. 루이 16세는 의회 중심의 헌정 체제 안에서 왕의 역할을 받아들일 의지도 능력도 없었다. 그렇게 하려 했을 때조차 미온적이었으며 너무 늦었다. 1790년 10월 결국 왕이 권력을 잃었음을 깨달았을 때, 타협 정책은 더는 기회를 얻지 못했다. 왕이 반혁명의 편에 서서 합의하려는 시늉만 했기 때문이다.

새로운 정치의 헌정 질서와 실천에는 주권자의 의사와 의지 형성 행위도 포함되었다. 입법자의 의지에 따라 중요한 권리이자 항구적 의무가 된 선거 참여는 아쉬운 점이 많았던 반면, 정치 클럽들은 점점 더 큰 영향력을 발휘했다. 정치 클럽은 계몽주의 모임의 전통 안에 있었다. 이 모임들에 지식인들이 모여 신분의 장벽을 넘어 개혁을 논의하고 정보와 의견을 교환했으며, 나아가 국민의회에서의 정치 논쟁을 준비하고 평가했다. 특히 1790년 1월에 설립되어 곧 자코뱅클럽으로 알려지게 될 헌법의벗협회는 파리에 본부를 두고 지방의 지부 클럽들과 긴밀히 소통하며 서신 교환과 신문 발행을 통해 촘촘한 네트워크를 구축하고 이를 이용해 중요한 역할을 했다. 정파가 형성되고 혁명이 급진화의 길로 접어들면서 정치 클럽들도 분열과 신설을 통해 분화되었다. 제헌의회의 입법을 통해 제3신분에서 정치 엘리트가 성장함에 따라 그리고 선거권과 상대적으로 높은 자코뱅클럽 회비로 인해 사회적 장벽이 세워졌다. 이에 반해 프란체스코회수도원에서 모인 코르들리에클럽은 낮은 회비로 누구에게나 열려 있었고 여성도 회원으로 받아들이면서 민중 협회로 자리 잡았다. 카미유 데물랭, 장 폴 마라, 조르주 당통과 같은 대중적 언론인들이 여기서 무대를 발견했다. 이들은 자신들을 민중의 대변자로 내세우며 교회와 부유층에 대한 증오를 설파했다. 코르들리에클럽을 모범으로 삼아 파리의 다른 구에서도 비슷한 성격의 '민중 협회'가 결성되어 민중운동의 정치화를 이끄는 주요 동력이 되었다. 이 협회들의 정치적 사고를 지배한 것은 귀족과 왕에 대한 불신 그리고 민중과 혁명의 적에 대한 의심이었다. 라파예트가 자신과 국민방위대에 부여한 질서유지자 역할은 거듭해서 민중 협회들의 분노를 불러일으켰다. 여기에 왕의 납치 또는 도주설까지 더해지며 긴장이 한층 고조되었다. 혁명의 본질, 혁명이 불러온 기대와 두려움, 혁명의 한계 등을 둘러싼 논쟁은 1790년이라는 "행복한 해"(퓌레) 이후 프랑스를 더욱 깊이 분열시켰다. 사람들은 서로를 혁명의 적과 혁명의 벗, 혁명 선서 거부자와 혁명 지지자로 나누었다. 한편 제헌의회의 회의와 결정 과정에서 드러난 분열과 데파르트망 내에서 심화한 갈등은 제3신분의 혁명 세력 내에서 성직자와 귀족을 향한 혐오감을 더욱 키웠다. 클럽들 사이에서 귀족들의 음모가 진행되고 있으니 경계하라는 경고가 이어졌고 국경 너머에서는 망명자들이 저항을 촉구하며 위협에 가세하자 긴장은 더욱 고조되었다. 혁명과 반혁명의 정치 신문에서는 적과 동지를 구별하는 분위기와 양극화가 진전되었다. 양극화는 동일한 사건에 대한 극단적으로 상반된 평가로 나타났다.

1791년 6월 20일, 왕과 그의 가족이 도주를 시도했다는 소식이 전해졌다. 이 사건은 바렌에서 한 우체국장에게 발각되며 막을 내렸지만 혁명을 새로 급진화하는 추진력이 되었다. 왕은 도주하기 전에 남긴 성명서에서 자신이 행동에 나선 이유를 나열했다. 왕의 정치권력 상실, 정부와 군대에 대한 그의 영향력 약화 그리고 혁명 언론과 급진적 클럽들이 초래한 전반적 무질서 등이었다. 왕이 국민방위대의 감시를 받으며 되돌아온 것은 군주에게 굴욕이었고 권위의 최종 상실로 이어지는 결정적 발걸음이었다. 국민의회는 단호하면서도 정치적으로 냉정하게 대응했다. 마라와 같은 급진적 언론인들이 이제 군주정을 끝내고 공화정을 수립하자고 주장했다. 그러나 국민의회의 다수는 바르나브의 열정적 변론에 힘입어 국정과 외교상의 이유로 왕과 군주정을 유지하기로 했다. 국민 통합을 보장하려면 강력히 확립된 중앙권력이 필요하다는 주장이 가장 중요한 논거로 제시되었다. 결국 사람들은 혁명을 끝내려는 것이지 새로운 혁명을 일으키려는 것이 아니라고 바르나브는 말했다. 이 이상의 모든 발걸음은 내부 질서와 재산을 위태롭게 할 수 있었다. 게다가 외부 군사 개입에 대한 우려도 커졌

그림 3. 1791년 6월 21에서 22일, 바렌에서 왕과 그의 가족이 체포되며 혁명과 군주정은 양립할 수 없음이 드러났다.

다. 황제(신성로마제국 황제인 레오폴트 2세-옮긴이)가, 뒤이어 프로이센이 1791년 8월 필니츠선언으로 위협을 가했다.

그래서 처음에 국민의회는 왕이 납치되었던 것이라고 주장했다. 이후 왕은 헌법이 채택될 때까지 직무를 정지당했다. 국민의회는 또한 내부 갈등을 더 부추기지 않기 위해 왕에 대한 재판을 진행하지 않으려 했다. 1791년 7월 14일, 코르들리에클럽이 다시 벌인 반군주정 시위는 당시 상황이 얼마나 위협적이었는지를 보여주었다. 새로운 제헌 국민의회 구성을 요구한 또 다른 집회는 국민방위대에 의해 폭력적으로 해산되었는데, 이 과정에서 20명이 넘는 사망자가 발생한 것으로 추정된다. 이로써 정세는 내전의 가장자리에 이르렀다. 이 사건으로 국민의회와 민중 협회들 사이에는 깊은 균열이 생겼다. 제3신분은 마침내 분열되었고 이와 함께 자코뱅클럽도 갈라졌다. 대다수 회원은 클럽을 떠나 코르들리에클럽과 첨예하게 대립하며 푀양수도원에서 새로운 클럽을 결성했다. 이 클럽은 모인 장소의 이름을 따 푀양클럽이라 불렸다. 로베스피에르를 중심으로 한 소수파는 자코뱅클럽이라는 기존 이름과 함께 통신망과 지방 지부 클럽의 네트워크를 유지했는데, 이는 이후 전술적 이점으로 작용했다.

권력관계의 변화에 따라 왕도 9월 14일 헌법에 서명할 수밖에 없었다. 국민의회 내 다수 온건파는 새로운 헌법이 공포되면 정국을 안정시키고 혁명을 종식할 수 있다고 여전히 믿었다. 최초의 성문 헌법을 기념하는 축제는 이러한 목표를 상징적으로 강조하며 거의 신성한 형식을 띤 정치적 전통의 기초를 정립하려 했다. '헌법전'은 성전聖典이 되었으며 인권선언문과 함께 법률판法律板 형태로 제작되어 시각화되었다.

헌법이 선포되기 직전인 1791년 9월, 교황령 아비뇽을 프랑스 영토에 불법적으로 통합한 정치적 조치는 앞으로 닥칠 외교 및 교회 정책상의 갈등을 예고했다. 동시에 이 조치는 대외 정책의 근거로 민족자결의 원칙을 도입한 최초의 사례이기도 했다. 이를 통해 1789년에서 1791년까지 헌정 사상 및 인민주권과 결합하여 근대적 정의와 외형을 얻은 국민이라는 개념에도 또 다른 의미가 덧붙여졌다. 국민은 이제 하나의 국토 안에서 결속하여 공동의 헌법을 신봉하는 사람들이 형성하는 정치적 공동체의 한 형태로 이해되었다. 하지만 아비뇽 사건은 이러한 질서 확립이 갖는 팽창적 측면도 드러냈다.

4. 두 번째 혁명(1792년)

입헌군주정의 좌초

극도로 긴장된 정치 분위기에서 새로운 입법의회가 선출되어 1791년 10월 파리에서 소집되었다. 총 745명의 의원 수는 앞선 국민의회보다 적었다. 제헌의회 의원들은 더는 선거에 출마할 수 없었다. 하지만 새로 선출된 의원들은 정치 초보자가 아니라 이미 지방과 지역 차원의 선출직에서 정치 경험을 쌓은 정치 엘리트였다. 게다가 이들은 모두 혁명을 지지했기에 입법의회 내 정치 지형은 이전과 달라졌다. 첫 번째 국민의회의 보수 우파는 입법의회에 존재하지 않았다. 처음에 의원 264명이 속해 있던 푀양클럽이 가장 강력한 집단을 이루며 정치 스펙트럼의 우측을 차지했다. 그 반면에 수는 훨씬 적었지만 주요 대표자들이 뛰어난 수사로 훨씬 더 큰 영향력을 발휘했던 자코뱅클럽의 '좌파' 의원 집단이 있었다. 여기에는 지롱드 데파르트망 출신의 자크 피에르 브리소, 콩도르세, 가데와 베르뇨가 포함되었다. 두 집단 사이에는 어떤 클럽에도 속하지 않고 스스로를 독립적이라 여긴 강력한 중간 집단이 있었다. 새 의원들은 확실히 좀더 비타협적이었으며 전임자들이 마련한 정치 경험과 제도를 기반으로 활동할 수 있었다. 선거권 제도의 결과로 이들은 확고히 자리 잡은 부르주아 계층 출신이었으며 그중 다수는 언론인, 변호사, 상인이었다. 공화정을 지지하는 자는 소수에 불과했지만 이들은 궁정과는 거의 연계가 없었고 오히려 정치 클럽과 더 밀접한 관계를 맺고 있었다.

자코뱅클럽에 비하면 입법의회는 정치적으로 확실히 더 온건했으며, 실제로 정치 안정을 위한 요소였다. 그러나 의원들은 의회 밖 세력으로부터 압력을 받았고 군주정에 대한 국회의 우위를 정치적으로 명확히 하려 했다. 이는 의사록에서도 드러났다. 이미 1791년 10월 5일에 의회는 왕이 의회 의장과 같은 의자에 같은 높이로 앉아야 한다고 결정했다. '전하'나 '폐하'와 같은 존칭은 이제 사용할 수 없고 대신 '프랑스인의 왕'이라는 칭호만 허용되었다. 의원들은 또한 국왕이 연설하는 동안 모자를 쓴 채로 자리에 앉아 있을 수 있었다. 왕은 정치권력을 잃기에 앞서 이미 상징적으로 특별한 지위를 박탈당했고 모든 사람에게 단순한 헌법 기관으로 보이게 되었으며 더 나아가 극도로 의심받았다.

의회는 안정화의 역할을 수행하지 못했다. 그 이유는 의원들과 그들의 정치적 미숙함보다는 당시의 정치적 환경에 있었다. 입법의회는 민중운동과 민중 협회들의 정치적 압박을 더 많이 받았고 전쟁과 국왕 문제와 같은 새로운 정치 갈등은 더욱 격렬한 움직임으로 이어졌다. 특히 1791년 7월 샹드마르스 학살과 왕의 도주 사건 이후 파리 자치 정부인 코뮌에서는 정치 구도가 급진파에 유리하게 바뀌었다. 1791년 7월 사건에서의 역할 때문에 점점 더 비난받던 온건파 시장 바이는 1791년 말 선거에서 낙선하고 자코뱅의 페티옹에게 자리를 내주었다. 아울러 민중 협회의 대표들이 코뮌의 핵심 직책으로 진출했다. 대중 소요가 일어날 때마다 파리시 정부와 입법의회 사이의 정치 대립이 공개적으로 터져 나왔다. 파리 코뮌은 독자적 권력 요소로 발전했다. 일종의 이중지배로 나아갈 이 같은 조짐은 파리 선거구區(섹시옹·section)들이 보여준 정치적 급진화로 더욱 뚜렷해졌다.

선거구들은 단순한 선거 기구를 넘어, 선거 기간이 아닐 때도 자발적으로 총회를 열고 지속적으로 회의를 운영할 권리를 주장했다. 그러는 사이 이들은 자신들만이 민중의 의지를 구현할 수 있다는 풀뿌리 민주주의적 구상을 발전시켜나갔다. 지역 주민들이 활발히 참여한 각 구의 총회는 민중 협회와 긴밀한 동맹 관계를 형성했고 민중 협회의 지원을 받아 활발히 정치, 선전 활동을 벌였다. 로베스피에르를 비롯한 과거 제헌의회의 좌파 정치인들도 정계로 복귀해 정치 클럽을 자신들의 활동 무대로 삼았다.

전쟁과 혁명: 대내외 정치 갈등의 첨예화

혁명의 급진화를 가속하고 입법의회의 좌초를 초래한 두 번째 요인은 국내외의 정치 갈등이었다. 일부는 전임 의회에서 물려받았고 또 일부는 입법의회가 더 첨예화한 갈등이었다. 1791년 말에는 1년 전 7월 14일에 연맹병fédéré(통일과 혁명을 지지하는 지방 의용군-옮긴이)과 함께 국민 통합의 축제에서 기념했던 화합의 분위기는 이미 남아 있지 않았다. 입법의회는 정식 사법부 외에도 강력한 권한을 위임받은 감시위원회comité de surveillance를 설치했다. 이때부터 밀고는 의사일정이 되었고 혁명적 경계 태세의 요구와 함께 정당화되었다. 교회와 사제들을 둘러싼 갈등 역시 점차 심화하여 결국 강제 서약을 요구하고 이를 거부한 사제에 대해서는 추방으로 위협하기에 이르렀다. 또한 교회 투쟁과 망명 사태로 인한 내부 동요와 망명자들의 혁명에 대한 위협이 있었다. 여기에 외교적 긴장과 유럽 앙시앵레짐 세력과의 전쟁 준비가 더해지면서 국내 상황은 한층 더 불안정해졌다. 프로이센과 오스트리아는 망명자들의 독촉에도 한동안 혁명 프랑스와의 전쟁을 망설였다. 하지만 필니츠선언과 같은 공개적 최후통첩만으로도 혁명 세력의 전쟁 의지를 고무하기에 충분했다. 브리소를 중심으로 한 자코뱅클럽 의원들은 계몽주의의 평화 전통에 반하여 전쟁을 독려하기 시작했다. 이들은 전쟁을 통해 외부 반혁명 세력의 약화나 소멸을 기대한 동시에 프랑스 왕의 패배를 노렸다. 이들은 해방된 인민이 절대왕정의 용병 군대보다 더 큰 동기를 가지고 싸울 것이며, 유럽의 전제주의를 상대로 한 십자군이 혁명을 강화해주리라 기대했다. 브리소는 입법의회 의원 다수를 설득하여 자유를 위한 십자군에 대한 지지를 확보했다. 혁명의 패배를 내심 바라던 왕도 겉으로는 여기에 동참했다. 여하튼 왕은 전쟁을 이끌 준비가 된 일련의 의원 중에서 장관을 임명하겠다고 발표했다. 이는 겉보기에 의회 체제의 정치적 성공처럼 보였지만, 이렇게 구성된 새 정부는 국내외 위기에 직면하여 얼마 후 사퇴해야 했다. 1791년 12월 14일에 루이 16세는 입법의회에서 전쟁을 지지하는 입장을 표명했고 다음 해 4월 20일에는 오스트리아와 그 동맹국 프로이센에 전쟁을 선포했다. 이렇게 시작된 전쟁은 수년간 이어지며 혁명의 성격과 내부의 권력관계에 다시 한번 큰 변화를 불러온다.

왕은 자신의 군대가 처한 열악한 상황을 알고 있었다. 실제로 1792년 4월 29일, 벨기에에서 오스트리아 군대와 맞붙은 첫 전투에서 프랑스군은 무너지는 모습을 보이며 패배했다. 이후 몇 주 동안 옛 왕실 연대들이 줄줄이 적에게 투항했다. 승리를 눈앞에 둔 동맹군 총사령관 브라운슈바이크 공작은 프랑스로 진군하여 왕을 해방할 것이며 튈르리궁에서 왕을 위협하거나 모욕하기만 해도 가혹한 처벌을 내릴 것이라고 위협했다. 1792년 7월 25일에 발표된 이 최후통첩은 외부의 위협이 내부의 정치적 동원으로 이어질 가능성을 전혀 고려하지 않은 대응이었다. 이 도발적 선언은 파리에서 군사적, 정치적 반발의 물결을 일으켰고 이는 결국 군주정에 반대하는 봉기로 이어졌다.

혁명과 폭력

전쟁은 내부적으로 여러 영향을 미쳤다. 우선 서약을 거부하는 사제들에 대한 압박이 심해졌다. 최소 20명 이상의 증인이 고발하면 그들은 강제로 추방당해야 했다. 왕이 거부권을 행사하여 관련 법안의 발효를 막았지만 혁명 열기가 고조된 상황에서는 혁명의 고난에 대한 책임을 전가할 희생양이라면 누구든 환영받았다. 이런 가운데 입법의회는 전국적으로 의용군을 모집할 수 있었고 이들 애국 부대를 기존의 정규군에 편입함으로써 전선을 안정시키려 했다. 입법의회는 새롭게 격앙된 혁명의 분위기 속에서 데파르트망 출신의 활동가들, 즉 연맹병을 동원했다. 바스티유 습격 3주년을 기념해 연맹병들은 수도를 지원하고 정치적 결의를 표명하기 위해 파리로 행진했다. 이들은 공화주의자였으며 프랑스 동부와 남부의 왕정에 적대적인 데파르트망 출신이었다. 마르세유 대대는 7월 2일부터 30일까지 파리로 행군하면서 '라마르세예즈'를 불렀다. 전쟁, 특히 패배가 임박했다는 공포가 국내 정치에 끼친 영향은 군사적 진행 상황 자체보다 더 결정적이었다. 전쟁이 도시의 민중 혁명을 동원했기 때문이다. 6월 20일, 대규모 대중 시위가 두 차례 조직되었다. 시위대는 입법의회와 튈르리궁을 향해 위협적으로 몰려갔고 궁전 내부로 진입해 왕의 침전까지 들이닥쳤다. 시위대는 왕에게 자유의 붉은 모자를 씌웠다. 이는 브리소 주변의 '애국적' 장관들이 해임된 데 대한 신중히 준비된 반응이었으며, 조직화된 민중운동이 처음으로 모습을 드러낸 사건이었다. 민중운동 활동가들은 반귀족적 정서를 드러내며 스스로를 상퀼로트(긴 바지를 입은 사람)라 불렀다. 이 이름은 상퀼로트들이 귀족이 즐겨 입던 반바지를 과시적으로 거부하고 '반바지를 입지 않은' 데서 유래했다. 파리에 도착한 연맹병들은 상퀼로트들에게 강력한 지원군이 되었다. 1792년 7월 11일, 입법의회는 군사적 비상사태('조국이 위험에 처해 있다 La patrie est en danger')를 선포해야 했다. 그러자 며칠 만에 1만 5000명이 넘는 의용군이 깃발 아래로 모여들었다. 8월 초 파리에 전해진 브라운슈바이크 공작의 최후통첩 소식은 입법의회의 행동을 부추긴 또 다른 계기였다. 로베스피에르는 연맹병의 이름으로, 페티옹은 파리 코뮌과 파리 48개 구 중 47개 구의 이름으로 이미 여러 차례 루이 16세의 퇴위를 요구했지만 입법의회는 이를 매번 거부했다. 그러자 급진적 혁명가들은 폭력이라는 수단을 택했다. 8월 6일부터 파리의 각 구와 동요하던 외곽 지역에서 민중 봉기가 준비되었고, 8월 9일에 봉기를 알리는 경종이 울려 퍼졌다. 각 구의 위원들은 시청을 점거하고 '봉기코뮌commune insurrectionelle'을 결성했다. 양조업자 상테르가 국민방위대의 총지휘권을 얻었다. 8월 10일 이른 아침, 민병대가 튈르리궁 앞에 집결하자 왕을 보호하기 위해 배치된 스위스 근위대가 봉기군에게 발포하여 400명이 사망했다. 이에 격분한 연맹병들과 파리 구 사람들은 보복으로 수백 명의 군인을 학살했다. 승리한 민중 봉기는 마침내 의회와 왕에게 자신들의 의지를 관철시킬 수 있었다. 왕은 가족과 함께 의회로 피신했다. 입법의회는 봉기코뮌을 공식 인정하며 왕의 직무를 정지시키고 보통선거에 의한 새로운 선거 시행을 공고했다. 왕은 혁명 세력의 감시 아래 놓였으며, 정부는 재편되어 임시 집행위원회가 행정 기능을 넘겨받았다.

국민공회가 소집되고 공화국이 수립되기까지의 40일은 전쟁과 국내의 학살 및 잔혹 행위로 점철되었다. 왕가는 탕플에 유폐되었다. 입법의회는 혁명코뮌의 평의회에 권력을 넘겨주었다. 평의회는 파리의 구역에서 선출된 대표 288명으로 구성되었으며 반의회의 역할을 했다. 여기에 로베스피에르, 당통, 마라의 권력을 탄생시킨 연단이 있었다. 이들은 자신들이야말로 혁명의 진정한 정신을 대변한다고 주장하며 자신들의 권력을 정당화했다. 법무장관 당통을 수장으로 한 임시 집행위원회도 구성되었다. 오스트리아와 프로이센 연합군이 프랑스를 위협하며 진격하자 내부의 적과 외부의 적이 결탁할지도 모른다는 두려움이 커졌다. 이러한 위기의식은 저항의 수사를 격앙시키고 폭력을 선동하는 분위기를 조성했다. 당통, 로베스피에르, 마라는 인민재판을 촉구하며 목소리를 높였다. "그러므로 국민을 해칠 수 있는 것은 무엇이든 간에 국민의 품에서 추방되어야 합니다"라고 당통은 외쳤다.

이 공포와 증오로 들끓는 집단적 정신증 속에서 파리의 9월학살이 일어났다. 이 사건으로 파리 감옥의 수감자 약 1130명이 목숨을 잃었다. 이들 대부분은 정치범

이 아니었지만 국민방위대와 연맹병들에게 살해되었다. 배신자와 반혁명 세력 전체를 대신해 이들이 국가적 복수의 희생양이 되어야 한다는 것이 그 명분이었다.

이러한 분위기 속에서 1792년 9월, 국민공회 선거가 치러졌다. 새롭게 선출된 의원들 모두 여전히 혁명의 지지자였다. 이 중 약 100명은 이미 제헌의회에서 활동한 인물들이었으며 189명은 입법의회 의원이었다. 정치 집단의 스펙트럼은 다시 바뀌었다. 이제 브리소를 중심으로 한 약 150명의 지롱드파가 우익에 서게 되었다. 로베스피에르를 중심으로 한 급진 좌파는 초기에는 100명에 불과했으나 1793년 6월에는 267명에 달했다. 이들은 회의장 상단에 자리를 잡았기 때문에 '산악파'로 불렸다. 이들과 회의장 중간에 자리한 지롱드파 사이에는 소택파 또는 평원파로 불리는 이들이 있었다. 평원파는 변덕스럽게 표를 던지며 저울질하는 중간 집단이었다. 의원들의 사회적 배경에는 큰 차이가 없었다. 대부분이 중간이나 상층 부르주아지 출신이었다. 점점 더 격렬해지는 분쟁, 특히 산악파와 지롱드파 사이의 갈등은 사회 경제적 배경보다는 정치적 배경에서 비롯했다. 이러한 갈등은 혁명의 해석에 대한 이견, 그리고 이에 따른 급진적 민중운동에 대응하기 위한 정치적 전술과 실천을 둘러싼 심각한 입장 차이에 기인했다.

1792년 9월 21일, 새로 소집된 국민공회의 첫 번째 조치는 왕정 폐지와 공화국 선포였다. 이는 1789년 혁명의 걷잡을 수 없는 역동성과 성급한 정치, 사회 재건 그리고 경제 위기 발발에서 비롯한 두 번째 혁명이었다. 이는 혁명을 마무리하려는 첫 시도가 실패한 결과이기도 했다. 혁명의 안정을 위해 시작된 전쟁은 오히려 내부 급진화를 더욱 심화했고 이후 전쟁의 경과와 혁명의 전개는 긴밀히 얽히게 되었다.

5. 부유하는 혁명(1793년)

1792년 9월 25일, '하나의 불가분한 공화국'이 선포되자마자 국민공회에서 지롱드파(주로 지롱드 데파르트망 출신 지도자들로 구성된 혁명 정파)와 산악파 사이의 정치적 갈등과 권력투쟁이 전면적으로 표출되었다. 발미에서 프랑스가 승리했다는 소식조차 이들 사이의 결속을 회복하지 못했다. 국민공회의 주요 사명이었던 새로운 헌법 제정 작업은 정치적 화합을 이끌어내기는커녕 의회 내의 근본적인 정치적 갈등을 반영했다.

공화국 헌법

처음에는 지롱드파 지지자가 다수를 점했다. 계몽주의 철학자 콩도르세(국민공회 임시 의장)도 참여한 헌법위원회가 헌법 초안을 제시했다. 이 초안은 엄격한 권력분립을 기초로 장관의 독립을 보장하고 사법부와 장관을 견제하기 위해 다양한 선거와 제도를 구상했다. 그러나 심의가 시작되자 인민주권과 인민의 역할을 어떻게 해야 할지를 두고 정파 간에 의견이 갈렸다. 코르들리에파와 산악파는 순수한 민주주의 원칙과 인민주권의 직접적 행사를 주장하며 매개 기구를 모두 거부한 반면, 지롱드파는 대의제를 통해 매개되는 주권을 옹호했다. 산악파는 헌법 초안이 입법부의 권한을 지나치게 제한한 채 행정부를 강화하고 데파르트망의 역할을 확대한다고 비판했다. 산악파는 행정 조치로 인해 도시 지역의 영향력이 제한되고 대규모 지자체와 농촌의 완충적 균형 세력이 동원될 가능성을 우려했다. 로베스피에르는 구제받을 권리와 노동할 권리, 나아가 누진세 도입과 재산권에 대한 사회적 제한 규정이 빠진 점을 지적했다. 로베스피에르는 또한 헌법 전문에 공동의 행복bonheur commun과 자연법에 대한 언급이 들어가야 한다고 주장했다. 1793년 5월의 인권선언과 헌법은 실제로 사회적 책무에서 인권을 명시한 동시에 국민의회의 권한을 제한했다. 언뜻 급진 민주주의적 요소로 보이는 선거 단계 확장에 반대하고 나선 것은 흥미롭게도 산악파였다. 산악파는 선거 참여율이 높은 부르주아 계층의 영향력은 커지고 상대적으로 참여율이 낮은 인민대중의 권한은 약화하리라 우려했다. 이처럼 논쟁은 시대 상황에 따라 크게 좌우되었다. 지롱드파는 무엇보다도 파리의 정치적 우위를 깨고 프랑스 중심부와 주변부 사이의 균형을 맞추려 했다. 반대로 자코뱅파는 전적으로 수도 파리 대중의 영향력에 의존하는 전략을 폈다. 지롱드파가 국민공회에서 축출되고 6월 24일에 헌법이 의결되면서 선택지가 바뀌었다. 이제 입법부의 우위가 다시 확립되었고 장관과 데파르트망의 권한은 축소되었다. 연방주의, 즉 입법부와 장관 및 데파르트망 사이의 엄격한 권한 분배의 위험을 우려한 국민공회는 중앙 권력과 국민의회 권한을 강화했다.

내전을 방불케 한 갈등을 고려하면 헌법 심의에는 다소 비현실적인 측면이 있었으며 이에 관한 관심도 그다지 크지 않았다. 이 시기 통치는 처음에는 장관과 위원회가, 1793년 10월부터는 이른바 혁명정부가 임시로 맡았다. 1793년 가을 이후 국민공회 다수파의 지지를 받은 이 즉흥적 독재 체제는 혁명 프랑스가 직면한 대내외 위협과 그에 따른 권력투쟁의 결과였다.

공화정을 선포한 직후 9월학살에 대한 평가를 두고

논쟁이 벌어졌다. 지롱드파는 1793년 9월 17일에 채택된 '혐의자법'에 근거하여 마라, 로베스피에르, 당통 등 이른바 '흡혈귀들'이 수천 명이 희생된 폭력 사태의 실제 책임자라고 비난하며 이들에 대한 처벌을 요구했다. 반대로 산악파는 책임을 전면 부인했다. 오히려 로베스피에르는 부르주아혁명은 "열정과 보복 폭력"(퓌레)의 혁명, 즉 두 번째 혁명의 지지 없이는 살아남을 수 없다고 주장하며 학살을 정당화했다. "혁명 없이 혁명을 원하는가? 그 정도 대가로 과연 어느 민중이 폭정의 멍에를 떨쳐버릴 수 있겠는가?" 그리고 몇 달 동안 혁명을 둘러싼 질문, 즉 누가 진정한 혁명을 대표하는지, 누가 혁명을 배신하는지, 혁명 목표를 달성하는 데 폭력은 어떤 역할을 하는지에 관한 논쟁이 이어졌다. 이러한 본질적인 질문 뒤에는 심각한 정치적 갈등이, 무엇보다도 권력 문제가 자리하고 있었다. 두 진영 모두 정치적 이견을 수용할 준비가 되어 있지 않았다. 그런데 놀라운 점은 서로를 '무정부주의' 또는 '독재'로, 나아가 혁명에 대한 '배신'이라며 비난하던 두 진영이 모두 같은 자코뱅클럽 출신이라는 사실이다.

왕에 대한 재판

이후 몇 달 동안 정치 사건들이 잇따라 발생하며 서로 얽혀 복잡해졌다. 이를 명확히 하기 위해 주요 논쟁의 흐름에 따라 사건들을 정리하려 한다. 혁명의 향후 운명을 결정짓는 데 중요한 첫 번째 근본적인 논쟁은 1792년 9월 21일, 최종 폐위된 왕에게 어떤 조처를 할 것이냐였다. 전투적 언론과 각 구의 총회는 '반역자 루이 카페'의 처형을 촉구했는데, 이는 11월 20일에 튈르리궁에서 비밀 금고가 발견되면서 더욱 거세졌다. 금고 안에는 루이 16세가 망명자들이나 적대 세력과 활발히 서신을 교환했고 미라보를 포함한 다른 인물들과 비밀리에 접촉해왔다는 증거가 담겨 있었다. 이에 코르들리에클럽의 일원이자 급진 세력의 대변인으로 떠오른 '붉은 사제' 자크 루가 나섰다. 자크 루는 "최후의 왕 루이"의 처형을 촉구하며 다음과 같이 혁명의 정당성을 주장했다. "왕들의 부정한 피를 정당하게 흘려 민중의 자유를 확고히 할 때다." 국민공회는 여전히 국민을 대표하여 국민의 이름으로만 결정한다는 주권의 권리를 내세웠지만 결국 왕에 대한 재판을 열고 스스로를 법정으로 선언할 수밖에 없었다. 이로써 의회 안팎에서 급진 세력의 요구가 관철되었다. 이와 반대로 왕에 관대했던 지롱드파는 8월 10일 사건으로 왕이 폐위당해 이미 그 죗값을 치렀다고 보고 법적, 인도적, 외교적 논거를 들어 왕의 처형을 반대했으나 끝내 뜻을 이루지 못했다. 집단 공포와 격정이 난무하는 분위기 속에서 온건한 입장이 설 자리는 없었다. 로베스피에르는 루이의 처형을 "공익을 위한 조치"이자 "섭리의 행위"로 간주하며, 폐위된 왕에 대한 태도야 말로 혁명에 대한 찬반을 가르는 척도라고 보았다. 로베스피에르는 1792년 12월 3일, 국민공회에서 열린 정치적 재판에서 이렇게 고했다. "여러분은 한 사람에 대해 찬반을 결정하는 판결을 내리는 것이 아닙니다. (…) 루이는 죽어야 합니다. 조국이 살아야 하기 때문입니다." 이에 반대한 지롱드파는 자코뱅클럽에서 제명되었고 산악파와 국민공회의 다수파는 거리의 압력에 굴복했다. 왕에 대한 두 차례 심문은 루이 16세가 완전히 권위를 잃었음을 보여주는 상징적인 절차였다. 3년 전만 해도 제3신분은 루이 16세가 성대한 입장식을 마치고 연설할 때 선 채로 들어야 했다. 그러나 이제 의장은 왕에게 호통쳤다. "루이, 앉으시오." 이에 따라 국민공회는 1793년 1월 15일부터 17

일까지 네 차례의 호명 투표를 통해 다음과 같은 결정을 내렸다. 첫째, 루이 16세는 '자유를 해치는 음모'에서 유죄로 인정되었다. 718명의 의원 중 673명이 이에 동의했다. 둘째, 판결에 대해 투표로 민중의 재가를 받을 필요가 없다는 결론이 내려졌다. 셋째, 의원 721명 중 387명이 사형에 찬성했고 334명은 반대했다. 넷째, 사형을 즉각 집행해야 한다는 의견에는 361명이 찬성, 360명이 반대했다. 이어 1월 19일 즉각적인 형 집행에 관한 투표가 다시 한번 이뤄졌는데, 집행 연기에 383명이 반대했고 310명이 찬성했다.

이틀 후인 1793년 1월 21일, 예전의 '루이15세광장'에서 공개 처형이 이루어졌다. 이 광장은 그새 '혁명광장'으로 이름이 바뀌었다가 2년 후에는 '콩코르드광장'으로 바뀌어 오늘날까지 그 이름을 유지하고 있다. 당시 처형 소식을 전한 신문들의 삽화에는 대부분 단두대가 1792년 8월에 파괴된 루이 15세 기마상 받침대 바로 옆에 세워진 구도로 그려졌다. 이로써 기마상 파괴라는 기억의 말살damnatio memoriae이 "공공의 복수"(로베스피에르)라는 연출을 통해 완성되었다. 루이 16세의 처형은 왕의 '두 몸', 즉 루이의 물리적 신체와 신성한 왕

그림 4. 군주정의 정당성이 무너진 순간, 1793년 1월 21일에 혁명광장에서 루이 16세가 처형되었다.

권을 상징하는 정치적, 신비적 신체를 겨냥한 것이었다. 절대왕정이 마지막까지 상징적 재현의 전통적 형태로 활용했던 왕과 신성한 직무의 이 상상적 동일화는 처형을 통해 해체되어야 했다. 이 과정에서 단두대는 민중의 속죄와 정의의 도구로 선언된 동시에 정치의 도구로 자리매김했다. 단두대는 곧 민중운동에 의해 '평등의 낫'으로, 자유주의자와 혁명 반대자들에게는 공포의 상징으로 떠올랐다. 왕의 처형은 민중의 이름으로 결의되었고 민중은 침묵으로 참여한 이 연극에서 "산악파의 이론과 수사의 진실함"에 대한 판관이 되었다. 민중은 "장

5. 부유하는 혁명 **97**

엄한 고요함"을 통해 자신들이 주권자의 지위를 정당하게 차지하고 있음을 스스로 입증한 셈이었다(아라스).

왕의 처형과 함께 혁명은 앙시앵레짐과 그 지지 세력과의 가교를 정치적으로 완전히 끊어냈다. 이 사건은 혁명을 향한 열정을 프랑스 외부에서조차 식게 만들었다. 새로운 망명 물결이 일었다. 망명자와 추방자 중에는 외국 외교관과 관찰자들도 있었다.

전쟁과 내전

두 번째 갈등의 축은 전쟁이었다. 왕의 죽음과 함께 외교적 고려를 할 이유도 사라졌다. 국민공회는 1793년 2월 1일, 영국과 네덜란드에 전쟁을 선포했다. 호전적 분위기 속에서 국민공회는 수백만 명의 의용군이라는 무한한 자원을 바탕으로 자유를 위한 십자군을 수행할 수 있다고 확신하는 동시에 전쟁을 통해 공화국 내부의 분열을 봉합할 수 있으리라 기대했다. 실제로 젊은 공화국의 첫 몇 달은 군사적 성공을 이룰 듯 보였다. 프랑스군은 니스와 사부아로 진격했고 1792년 10월에는 알자스를 거점으로 슈파이어, 보름스, 마인츠를 점령했다. 11월에는 벨기에로 진격하여 오스트리아군과 맞섰으나 1793

년 3월에 참담한 패배를 겪었다.

억압받는 민족을 해방한다는 사상은 곧 국민적 권력 국가의 영토 병합과 확장의 유혹에 가려져 사라졌다. 1792년 11월 19일, 국민공회는 자유를 되찾고자 하는 모든(가령 마인츠공화국, 리에주, 벨기에 등) 민족에게 보호와 형제애적 지원을 제공하겠다고 선언했지만 이들이 독립 공화국이 될지, 아니면 모공화국에 병합된 영토로서 혁명의 성과를 받아들여야 할지는 확정하지 못한 상태였다. 어쨌든 이는 애초부터 민족 해방 정책의 모순을 드러낸 셈이었고, 그 결과 국내에서는 프랑스의 '자연국경론'이 다시 부상했다. 당통은 프랑스의 국경은 바다, 라인강, 알프스산맥으로 정해진다고 선언하며 루이 14세의 정복 정책을 민족 해방이라는 새로운 수사로 이어갔다. 한때 태양왕에 맞서 싸웠던 것처럼 이번에는 영국이 주도하는 대규모 연합군이 혁명 프랑스를 상대로 결성되었고 이는 곧 프랑스에 군사적, 정치적으로 중대한 위협이 되었다.

각 데파르트망에 인구 비례로 의용병을 할당한 30만 의용병 징집령은 예상치 못한 심각한 정치적 반발을 불러왔다. 국민공회가 직면한 두 번째 갈등인 전쟁이 내전으로 확대된 것이다. 강제 징집 조치는 아직 보편적 병역의무가 도입되지 않은 상황에서 상당한 갈등을 초래했다. 의용병 지원은 충분하지 않았고 몇몇 지역에서는 불공정한 대우를 받는다는 인식이 퍼졌다. 방데에서는 이러한 상황이 결국 봉기로 이어졌다. 반혁명의 신호는 왜 하필 프랑스 서부 데파르트망들에서 울렸던가? 이에 관해 학계에서 광범위한 논의가 있었다. 이곳 구릉지와 산울타리 지역 주민들의 고립적이고 독특한 사고방식이 원인이라는 해석이 오랫동안 받아들여졌으나 이는 사실이 아닌 것으로 드러났다. 봉기의 실제 원인은 정치적 문제에 있었다. 이 지역은 1789년 봄의 진정서를 통해 개혁을 지지했으며 혁명 초기에는 이를 환영하기까지 했다. 그러나 혁명은 곧 이곳 데파르트망에 불만의 원인을 제공했다. 새 정부가 징수한 세금이 이전보다 더 무거워졌기 때문이다. 분노를 유발한 또 다른 원인은 지방 부르주아지의 일방적 권력 장악에 있었다. 이들은 새 관직과 지역 의회를 독점했을 뿐만 아니라 1791년에 교회 재산의 절반 이상을 차지해 가장 큰 몫을 챙겼다. 여기에 방직업의 붕괴로 경제적 어려움이 더해졌다. 사제들은 교회 십일조의 폐지와 헌법에 대한 서약 강요 그리고 도시가 밀어붙인 새로운 교회 체제를 강하게 반대했다. 이로 인해 사제들은 농민이 세금 납부와 전쟁을 위한 의용병 지원을 거부했을 때 자연스럽게 봉기의 대변자가 되었다. 농민들은 전쟁의 원인이 오로지 루이 16세를 처형한 데 있다고 보았다. 봉기는 "민병은 없다!"라는 구호와 함께 3월에 시작되었다. 선서를 거부한 사제들은 농촌에서 여전히 큰 권위를 갖고 있었고 농민들은 그들의 복직을 요구했다. 이로써 봉기는 사제들이 주도하는 가운데 반혁명적 성격을 띠게 되었다.

곧이어 귀족들이 가담하여 봉기군의 지휘를 맡아 왕당파의 요구가 더해졌다. 봉기군은 스스로를 '가톨릭과 국왕의 군대'라고 칭했다. 봉기는 시작 후 불과 4주 만에 500명이 넘는 사망자를 냈다. 국민방위대를 습격하고 입헌주의 성향의 사제들과 지방 당국의 관계자들을 처형하는 사건이 급격히 늘어나자 국민공회는 봉기 지역인 방데로 군대와 혁명 위원들을 파견했다. 이는 곧 폭력과 그에 대한 보복 폭력의 악순환을 낳았다. 내전은 결국 양측에서 20만 명 이상의 희생자를 초래했다. 하지만 1980년대에 프랑스혁명 200주년을 앞두고 벌어진 열띤 정치적 논쟁에서 그랬듯 내전에서 벌어진 학살을 제노사이드로 부르는 것은 여러모로 부적절하다.

1793년 3월부터 봉기는 프랑스 전역으로 퍼졌다. 방데뿐 아니라 브르타뉴가, 곧이어 미디가 이탈할 위험에 처했다. 1793년 여름에는 여러 지역의 전통과 파리 혁명의 압력에 대한 반발에 힘입어 연방주의 반란이 일어났다. 반란은 특히 보르도, 리옹, 툴루즈, 마르세유 같은 남서부 대도시들과 노르망디의 캉에서 강하게 나타났다. 주요 동기는 급진화되는 혁명에 대한 도시 부르주아지의 분노와 저항이었으며, 지방의 자코뱅파와 민중운동의 활동가들이 반란의 주요 표적이 되었다. 때로는 지롱드파와 산악파 사이의 권력투쟁이 지방에서도 재현되었고 이는 다시 수도의 정치 전개에도 영향을 미쳤다. 이러한 반란은 국민공회와 그 군대가 방데에서 일어난 봉기에 정치적, 군사적으로 몰두했기 때문에 가능했다. 파리에서의 권력투쟁이 산악파의 승리로 끝난 후 결정이 내려졌다. 혁명정부는 이제 강경한 반란 진압에 나섰다.

권력을 위한 투쟁: 지롱드파, 산악파, 상퀼로트

전쟁과 내전 문제와 긴밀히 얽혀 있던 세 번째 쟁점은 사회 위기와 도시 민중운동의 동원과 관련된 것이었다. 지롱드파는 여전히 국민공회에서 다수를 차지했고 의회 중도파의 지지를 받고 있었지만, 국내 정치적으로 약화되어 결국 절박한 대결 정치로 내몰리게 되었다. 이는 도시인구의 물질적, 사회적 조건의 악화, 1793년 3월에 벨기에에서의 군사적 사건과 뒤무리에 장군의 배신 등이 초래한 결과였다. 이 모든 사태는 민중의 여론 속에서 지롱드파와 부자들이 저지른 배신과 음모로 응축되었다. 1793년 봄, 지난 3년 동안 안정되었던 빵값이 다시 급등했다. 여기에 더해 그사이 유통화폐로 사용되던 아시냐의 가치가 액면가의 절반 이하로 떨어지며 심각한 통화 위가 발생했고 실업률도 증가하고 있었다.

서민층 사이에서 1789년 도시 민중 혁명을 촉발했던 사회 저항의 메커니즘이 즉각 다시 작동하기 시작했다. 하지만 물가 폭등 위기 속에서 고전적 요구들은 전투적 언론인들과 구역 지도자들의 선동 활동으로 이미 정치화된 지 오래였다. 팸플릿은 투기꾼과 사재기꾼을 규탄하고 식료품의 최고 가격제와 아시냐의 강제 유통을 강하게 요구했다. 마라는 심지어 가격 인상을 혁명에 대한 적대 행위이자 공익에 대한 배신으로 간주했다.

로베스피에르는 이미 2월부터 파리 구역들과 협력을

모색했으며, 의회 밖 급진적 움직임을 염두에 두고 의회의 권한을 일시적으로나마 무효화한다고 선언할 준비가 되어 있었다. 여기에 민중운동을 이용해 지롱드 다수파를 무너뜨리려는 전술적 의도가 있었음은 분명했다. 로베스피에르는 대의제 헌법의 모든 규칙에 반하면서도 다음과 같이 선언했다. "민중이 집결하는 순간 정치적 대표, 즉 국민공회의 전권은 소멸합니다."

1793년 2월 말, 빵집을 습격하고 빵을 낮은 가격에 팔도록 강요하는 사건이 발생했다. 지롱드파는 이를 더는 물가 폭동의 낡은 메커니즘으로 보지 않고 혁명적인 파리시 행정부의 선동가들이 조장한 재산권에 대한 공격이라고 비난했다. 지롱드파의 맹렬한 공격은 '인민의 벗' 마라와 루를 겨냥했으며, 이에 대한 반발로 파리의 급진적인 구역들은 새로운 캠페인을 벌였다. 4월 15일, 35개 구區가 주요 지롱드파 인사들의 이름이 적힌 추방자 명단proscription(고대 로마에서 차용한 용어로 법적 보호를 박탈하고 생명과 재산을 공적으로 처분할 수 있게 하는 조치를 의미한다-옮긴이)을 제출했다. 이어 비무장 시민 약 1만 명이 국민공회로 행진하며 압박을 가했다. 이들은 곡물 가격 규제와 지롱드파가 추진하던 자유무역정책의 철회를 요구했다. 결국 5월 4일에 국민공회는 지롱드파의 반대에도 사회 동요를 막기 위해 해당 요구를 수용했다. 그런데도 상퀼로트의 위대한 정치의 시대는 이제 시작이었다. 지롱드파는 이에 맞서 인쇄물을 배포하며 갈등에 기름을 부었고 "가진 자와 가지지 못한 자 사이의 전쟁"을 경고했다. 하지만 지롱드파는 사회 문제의 정치적 차원을 전혀 이해하지 못했고, 결국 방데와 연방주의 반란을 넘어서는 내전을 야기했다. 혁명사 연구의 대가 알베르 마티에가 말한 것처럼 "세 번째 혁명"이 일어났다. 이는 지롱드파의 몰락과 그 주요 지도자들 몇몇의 폭력적 죽음으로 마무리되었다.

상퀼로트는 과연 어떤 사람들이었을까? 1793년 4월, 한 전투적 언론인이 정의한 상퀼로트의 모습은 이들의 사회 낭만주의, 과거지향, 폭력적 성향을 잘 보여준다. 이들은 자기 손으로 노동하며 살아가는 도시의 서민들이었다. "비열한 자들아, 상퀼로트가 누구냐고? 그는 언제나 걸어 다니며 당신들 모두가 갖고 싶어 하는 큰돈도 없는 사람이며 (…) 아내와 아이들과 함께 4층이나 5층에서 아주 소박하게 사는 사람이다. 그는 유용하다. 밭을 갈 줄 알고, 쇠를 부릴 줄 알고, 톱질할 줄 알고, 지붕을 얹을 줄 알고, 신발을 만들 줄 알고, 공화국의 안녕을 위해 마지막 한 방울의 피까지 흘릴 줄 알기 때문이다." 상퀼로트는 정치적으로 각성한 소상공인, 수공업자, 직인으로 구성된 계층으로, 소규모 재산을 소유하거나 이를 꿈꾸는 사람들이었다. 상퀼로트는 자신들의 정체성을 드러내고자 귀족이 입던 반바지(퀼로트)와 비단 양말 대신 단순한 작업복을 입었다. 상퀼로트는 자신들의 결의와 소속감을 붉은 자유의 모자, 애국심을 나타내는 코카르드 배지, 무장한 시민의 결의를 표시하는 파이크 창 등 자코뱅 혁명의 상징물을 통해 드러냈다. 상퀼로트는 사회주의자도, 프롤레타리아트의 선구자도 아니었으며, 확고한 정치적 목표도 없었다. 오히려 그 목표를 제시한 것은 '인민의 벗'을 자처한 상퀼로트의 지식인 대변자들이었다. 이들은 주로 왕실과 귀족 그리고 손에 흙을 묻히지 않으려는 부유층과 자본가들을 겨냥해 선동했다. 상퀼로트가 추구한 사회 이상은 '행복한 평범함heureuse médiocrité', 즉 누구도 과도하게 소유하지 않고 누구도 부족하지 않게 소유하는 도덕 경제의 행복한 중용이었다. 상퀼로트는 구역과 민중 협회에 모였고 스스로를 인민주권을 직접 실현하는 주체로 인식했다.

동네 선술집, 도시 지구의 민중적 연회와 축제에서 이루어지던 이웃 간의 사교 활동은 연대의 이상을 위한 상징적, 소통적 기반이었다. 독립적 소생산자가 품은 이 평등하고 과거지향적인 이상은 사회경제적 변화와 위기를 거치며 혁명적 잠재력을 발휘했고 저항과 직접 행동의 지침으로 자리 잡았다.

상퀼로트와 파리 구역 주변에서 활동하며 선동하던 급진적 정치 클럽과 지식인들은 자신을 인민 의지의 "진정한 해석자"(라이하르트)로 여겼다. 여기에는 자크 루와 장 바를레, 여배우 클레르 라콩브 주위에 모인 앙라제enragés(문자 그대로 '분노한 자들'로, 특히 급진적이고 사회혁명적인 정파)와 에베르를 중심으로 한 에베르파가 포함되었다. 에베르파의 대변자 에베르는 급진적 대중 정치 일간지 《페르뒤셴Père Duchesne》(뒤셴 영감 또는 아버지 뒤셴이라는 뜻-옮긴이)의 발행인이었다. 이 일간지는 민중의 언어를 모방한 다소 거친 표현으로 유명했다.

1793년 초여름, 여러 위기와 갈등이 겹치고 중첩되면서 폭력의 폭발로 이어졌다. 공화국의 안정을 위한 모든 시도는 실패로 돌아갔다. 지롱드파의 주도로 마련된 공화국의 새로운 헌법은 처음에는 의회 좌파에 의해 거부되었으나 로베스피에르가 개입하여 사회적 권리를 대폭 강화한 뒤 마침내 통과되었다. 이 헌법은 일상적 투쟁 속에서 새로운 선거를 관철하기 위한 수단이 되어야 했으나 그렇게 되지 못했다. 새 헌법이 시행되기도 전에 지롱드파와 산악파 간의 권력투쟁이 이미 결판났으며 테러의 제도적 토대가 마련되었다. 3월 10일에 "공화국의 자유, 평등, 통일과 불가분성"을 해치는 모든 '훼손'을 단속하기 위한 혁명재판소가 설치되었다. 이어 3월 21일에는 클럽과 구역들에 혁명 감시위원회가, 4월 6일에는 국가 행정을 감독하기 위해 공안위원회가 설치되었다. 정치적 결정에 대한 제도적 통제가 이렇게 공동화空洞化된 배경에는 국내외의 위기들이 있었다. 4월 4일, 뒤무리에가 오스트리아로 탈주했다는 소식은 그 위기를 정치적으로 더욱 격화시켰고 지롱드파를 겨냥한 공공의 분노를 불러일으켰다.

이로써 지롱드파와 산악파 사이의 마지막 대결이 시작되었다. 적이 된 두 형제 사이의 투쟁에서 결정적 도화선이자 협연자 역할을 한 것은 상퀼로트였다. 지롱드파는 권력을 다시금 굳히고자 파리 시정을 조사할 12인위원회를 구성했다. 이는 국민공회의 제도적 맞수인 파리 코뮌을 겨냥한 조치였다. 5월 24일, 12인위원회가 자크 에베르를 체포하자 파리 구역들은 봉기를 준비했다. 5월 30일에서 31일 새벽 사이, 구역 대표들은 앙라제의 일원이자 민중운동의 대변자인 바를레의 지도하에 비밀 위원회를 결성해 파리 코뮌에 협력하며 봉기를 조직했다. 산악파의 진정 시도에도 불구하고 1793년 5월 31일, 약 6만 명의 무장한 상퀼로트가 국민공회를 포위하고 지롱드파 의원 22명의 체포를 요구했다. 그러나 국민공회는 이를 거부했다. 일단 요구가 거부되자 구역 혁명중앙위원회의 지도하에 행동이 다시 한번 반복되는데, 이번에는 중포重砲로 무장한 국민방위대 8만 명이 동원되었다. 이들은 부유한 양조업자이자 포부르 생앙투안의 민중 지도자이며 1792년 8월 10일부터 국민방위대 사령관을 맡은 상테르의 지휘 아래 있었다. 대포의 압박하에 국민공회는 지롱드파 의원 29명과 장관 두 명을 체포해 인계 전까지 가택 연금에 처했다. 체포된 인물 중 도주에 실패한 자들은 나중에 혁명재판소에서 사형을 선고받고 1793년 10월 31일에 혁명광장에서 처형되었다. 이는 지롱드파의 종말을 의미했을 뿐 아니라 거리의 압력에 굴복한 젊은 대의제에 가해진 심각한 타격이기도 했다. 1792년 8월 10일 봉기와 비교할 때 민중운동의 공격 방향 역시 달라졌다. 더는 헌법 개정을 목표로 하지 않고 의회 밖 세력을 통해 의회를 정치적으로 정화하는 것을 목표로 삼았다. 이러한 목표는 전투적 지도자들에 의해 표명되어 정치 엘리트들의 권력투쟁에서 활용되었다. 지롱드파 지도부의 일원이자 정치 전략과 혁명 해석을 둘러싼 권력투쟁의 희생자였던 베르니오는 이를 예견하며 말했다. "혁명은 사투르누스(그리스신화의 크로노스를 로마신화에서 부르는 이름-옮긴이)처럼 자신의 자식을 잡아먹는다." 이 말은 이후의 혁명에서도 그 타당성이 입증될 예언인 동시에 격렬하고 폭발적인 정치과정의 역동성을 암시한다. 주도권 싸움에서 보병 역할을 한 파리 구역의 사람들에게는 여전히 변하지 않는 주요 동기가 하나 있었는데 바로 보복 폭력이다. 다만 제거해야 할 '인민의 적'의 이름과 출신이 변했을 뿐, 그 동기는 변하지 않았다.

수도의 정치 생활에서 지롱드파를 폭력적으로 제거한 직접적 결과로 파리에 반대하는 연방주의 운동이 전국에서 들끓었다. 전체 데파르트망의 3분의 2가 혁명

수도에 반대하며 군대를 일으켜 파리를 향해 진군하려 했다. 파리에서 가택 연금 상태에서 풀려난 몇몇 지롱드파 인사들이 연방주의 운동의 선두에 섰다. 그 결과 이미 진행 중이던 내전은 새로운 동력을 얻으며 격화했다. 1793년 여름, 공화국을 치명적 위기로 몰아넣은 사건들이 속속 발생했다. 7월에는 위기가 정점에 달했다. 벨기에와 라인강 전선에서는 군사적 타격이 심각한 상황에 이르렀다. 7월 23일에 마인츠가 프로이센군에 항복했고, 7월 28일에는 발랑시엔이 오스트리아군에 항복했다. 사르디니아군이 사부아를 침공했고 스페인군은 피레네산맥을 넘어 진격했다. 7월 14일 전야에는 마라가 25세의 샤를로트 코르데에게 암살당했고 3일 뒤에는 리옹에서 급진 혁명가 샬리에가 봉기한 시민들에 의해 처형되었다. 이어 8월 27일에는 왕당파가 툴롱을 영국에 넘겼다. 이러한 상황에서 실질적인 혁명 지도부였던 당통과 공안위원회는 초기에 신속히 대응하지 못했다. 국민공회는 이제 확실히 산악파가 장악했지만 지롱드파를 제거했음에도, 아니 어쩌면 바로 그로 인해 국민공회와 상퀼로트 운동 사이의 긴장은 더욱 깊어졌다. 당통은 7월 10일에 공안위원회에서 재신임을 받지 못하고 잠시 정계를 떠나야 했다.

7월 27일, 비상사태를 극복할 법과 통제 장치를 도입하겠다는 확고한 목표 아래 자코뱅파가 주도하는 공안위원회가 로베스피에르의 지도로 구성되었다. 잔류 국민공회Rumpfkonvent(지롱드파 축출 뒤 남은 산악파 의원들이 주도한 국민공회-옮긴이)는 공화국을 지키기 위한 엄격한 조치를 승인했다. 감시위원회, 예방 구금, 시민 자유에 대한 통제 조치는 1793년 6월의 헌법이 좀더 평화로운 시기에 비로소 제 기능을 발휘할 수 있을 때까지 유지될 예정이었다. 그러나 이 헌법은 국민투표에서 약 200만 표의 찬성으로 통과되었고 1793년 8월 10일에 군주정 타도 1주년을 기념하는 '통일제'에서 성대하게 공포되었음에도 같은 해 10월 10일에 정지되어 실제로는 결코 발효되지 못했다.

6. 테러: 혁명의 방어인가,
   이데올로기의 지배인가?

 널리 퍼진 시대구분에 따르면 로베스피에르가 공안위원회에 들어오면서 '공포정치'가 시작되었다. 이 책에서는 '공포정치'를 프랑스어 테러terreur(정확한 프랑스어 발음은 테뢰르[tɛRœːʀ]이지만 여기서는 우리에게 익숙한 발음인 '테러'로 표기한다-옮긴이)로 표현하고자 한다. 이는 점점 더 체계화되고 제도화된 그 특성을 강조할 뿐만 아니라 그 조치가 국민공회의 다수파와 결부되어 있음을 부각하기 위해서다. 테러는 결코 제도적 버팀목도 없이 통제되지 않은 독재가 아니라 오히려 의회적 정당성을 갖춘 독재였다(게니페). 물론 국민공회는 여러 차례 공안위원회의 뜻에 굴복했고 그 권한을 자동으로 연장해주었다. 하지만 의회 내 다수파의 변화와 그에 따라 표결 결과를 바꿀 제도적 가능성은 여전히 존재했다. 그러므로 혁명정부의 존재는 군사적 비상사태, 즉 전쟁과 내전의 경과뿐만 아니라 이러한 테러가 불가피하다는 국민공회의 두려움과 정치적 확신에도 달려 있었다. 점점 더 중앙화하고 독재적으로 변모한 혁명정부의 권력은 계획된 프로젝트의 결과가 아니라 위기 상황과 권력투쟁의 동학에서 비롯했다.

모든 합헌적 규범이 희미해지고 일시적으로 사라지는 과정은 단계적으로 이루어졌는데, 이는 사실상 1792년 8월 10일 이후 이미 시작되었다. 합헌 질서 내 정치 공백이 커질수록 일반적 비상사태를 명분으로 삼아 통제받지 않는 입법 활동이 이루어질 가능성도 커졌다.

자코뱅파와 상퀼로트

1793년 7월 말부터 8월 사이의 국면은 이러한 과정의 중요한 전환점이 되었다. 이어지는 9월과 10월에는 테러의 제도화와 정당화가 더욱 가속화되었다. 파트리스 게니페에 따르면 테러는 특별법과 제도화의 관점에서 총 세 시기로 구분할 수 있다. 첫 번째 시기는 1793년 3월 9일에 혁명재판소의 설치와 함께, 두 번째 시기는 1793년 9월 17일에 혐의자법 제정과 함께 시작된다. 세 번째 시기는 1794년 6월 10일에 프레리알법(6월법)과 함께 시작되어 1794년 7월 27일에 로베스피에르의 실각과 함께 막을 내린다. 이 시기는 가장 짧지만 가장 유혈이 낭자했던 시기로 평가된다. 정치적 효율의 측면에서 볼 때 테러의 영향력은 1793년 7월과 8월에 최대치에 도달했다.

포위와 협박 속에 놓인 잔류 국민공회는 강경한 태도와 결연한 공화주의적 단합으로 대응했다. 혁명을 지키기 위해 모든 역량을 동원하고 혁명적 압박을 강화하며, 필요한 지지를 얻기 위해 양보도 불사해야 했다. 8월 23일, 국민공회는 국민총동원령levée en masse을 내려 모든 프랑스 남성에게 보편적 병역의무를 부과했다. 이와 함께 조국을 위한 일종의 의무 복무를 선포하고 전시 통제경제를 도입했다. 남성들은 무기 생산에 투입되고 장인들은 국가의 군수 발주에 응했으며, 여성들은 막사와 군복을 만들었다.

국내외 전쟁 수행의 부담을 완화하기 위해 국민공회는 농업 개혁을 마무리했는데, 이는 소농의 이익에 초점을 맞춘 것이었다. 6월 3일에는 망명자의 토지를 장기 분할 상환 조건으로 매각할 수 있도록 허용하는 법을 제정했고 6월 10일에는 공유지를 개별 농민들에게 분배했다. 그리고 마침내 7월 17일에는 아직 남아 있던 토지와 결합된 모든 봉건적 권리를 무상으로 폐지했다. 이는 농촌 지역의 상황을 혁명에 유리하게 안정시키고 전선에서 싸우는 병사들에게 희생에 대한 보상을 기대하게 하려는 조치였다. 농업 개혁이 당시 실제로 어떤 효과를 거두었는지는 알려진 바가 적지만, 장기적으로는 프랑스 농업이 사회적으로 안정적이나 경제적으로는 뒤처진, 소농 중심의 구조로 100년 동안 유지되는 결과를 초래했다는 사실은 잘 알려져 있다. 한편 도시 민중운동을 달래기 위해 7월 26일에는 물품을 사재기하는 상인은 사형에 처한다는 법을 제정하고 데파르트망 내에 공공 곡물 창고와 빵집을 설치하라고 명령했다.

생필품 공급 문제가 심각해지고 도시 빵집 앞에 긴 줄이 늘어서면서 급진적인 사회적 요구들이 점점 더 거세졌다. 민중운동은 이제까지의 조치에 만족하지 못했다. 파리 구역들은 지속해서 회의를 열며 좀더 강경한 대응을 촉구했다. 이들은 예전의 귀족을 모두 행정과 군사 직위에서 축출해야 한다고 주장했을 뿐만 아니라 서민menu peuple의 평등주의적 이상에서 비롯한 재산 상한과 농지 임대 규모 제한을 요구했다. 이러한 요구를 관철하기 위해 9월 3일, 2000명이 넘는 수공업자와 남녀 시민이 파리 시청 앞 광장에 모여 대규모 시위를 벌였다. 9월 5일, 드디어 때가 왔다. 상퀼로트는 시 정부와 자코뱅클럽 구성원들의 지원을 받아 6월 2일과 같은 방식으로 다시 한번 혁명 투쟁 일을 조직하고 국민공회를 에워쌌다. 수백 명의 시위대가 구역 대표단과 함께 회의장에 진입해 투기꾼과 고리대금업자 등 모든 인민의 적을 처벌하고 물자 공급을 안정화하라고 강력히 요구했다. 코뮌의 대변인 쇼메트는 회의장에 있는 '인민'의 존재를 인민주권의 증거로 간주하며, 상퀼로트를 헤라클레스에 비유해 그들이 힘과 폭력을 사용할 준비가 되었음을 강조했다. "헤라클레스는 준비되어 있습니다. 곤봉을 그의 힘찬 손에 쥐여주면 곧 (…) 인민의 양식이 확보될 것입니다." 상퀼로트가 휘두를 곤봉이 무엇인지는 구역 대표단의 또 다른 청원이 암시해준다. 이들은 "긴급 조치"(라이하르트)를 요구하며 지롱드파의 처형을 촉구했다. "테러를 의제에 올려라"라는 구호는 모든 요구를 하나로 묶는 표어가 되었고 시위대는 이를 통해 위기가 해결되기를 기대했다.

국민공회의 다수가 침묵을 지킨 가운데 로베스피에르는 인민에게 우호적 태도를 취하며 양보할 뜻을 보였다. 그는 물론 테러라는 단어를 피했지만 공안위원회는 즉시 관련 법안을 마련하기 시작했다. 국민공회는 곧바로 법안을 의결하여 테러를 합법화했다. 상퀼로트 출신의 보병 6000명으로 구성된 혁명군을 조직하여 수도를 위한 곡물과 밀가루를 징발하고 고리대금업자와 암거래상을 단속하게 했다. 구역 총회에 참석한 빈곤층에게는 일당 40수가 지급되었다. 상퀼로트에 대한 양보는 이후 몇 차례 새로운 법령을 통해 계속 확대되었다. 특히 9월 29일에는 주요 생필품과 임금에 대해 일반 최고가격제를 도입하는 법이 통과되었다. 경제 영역에 대한 이러한 비상 독재 조치에는 상퀼로트의 뜻에 부응하는 정치적 통제도 속했다. 국민방위대는 징병 거부자나 탈영병을 색출하는 임무를 맡았고 국민공회는 부대의 규율을 개선하거나 강제하기 위해 파견의원을 보냈다. 특별감시위원회에 의해 '혐의자'를 색출하고 체포하는 법이 제정되었으나 혐의자를 정의하는 기준이 모호하게 설정되어 자의적 판결과 밀고가 성행할 여지를 만들었다. 예를 들어 루앙에서 체포된 '혐의자' 1158명 중 29퍼센트는 귀족, 19퍼센트는 성직자, 7.5퍼센트는 전직 관료로, 이들은 주로 사회적 신분 때문에 추적을 받았다.

체포된 사람 중 18.7퍼센트는 부르주아, 27퍼센트는 육체노동자 계층 출신이었다. 이들은 반혁명적 발언과 행동으로 주목받거나 소매상인으로서 물품 공급을 억제하거나 가격을 인상한 혐의로 체포되었다. '혐의자'의 39.4퍼센트는 여성이었으며, 대다수가 귀족 또는 교회 집단 출신이었다.

테러의 합법화

공안위원회가 테러를 합법화한 데는 "1792년 9월과 같이 대중이 린치로 불법적 판결을 내리지 못하게"(라이하르트) 하려는 의도도 분명히 있었다. 하지만 이는 정치 파벌 간의 투쟁에서 달갑지 않은 적대자나 선동자를 제거할 도구로 작용할 여지도 있었다. 가장 먼저 연루된 사람은 9월 5일에 체포된 자크 루였고 2주 후에는 망명자들이 그 뒤를 따랐다.

1793년 10월 10일, 국민공회 법령과 함께 테러가 제도화된 동시에 민중운동의 급진적 대변자들이 배제되기 시작했다. 생쥐스트는 전쟁과 내전으로 인해 혁명이 위기에 처했다는 점을 들어 혁명정부 구성을 정당화하며 인민의 적을 정치적 의사 형성 과정에서 배제해야 한다고 했다. "인민에 반대하는 자는 더는 주권자에 속하지 않으며, 주권자로 간주되지 않는 자는 곧 적이다."

1793년 10월 10일 법령과 함께 테러는 정부의 원칙으로 격상되었다. 이 법령은 "프랑스 임시정부는 평화가 올 때까지 혁명적일 것이다"라고 선언했다. 이는 1793년 6월에 제정된 새 헌법이 효력을 정지한 채 남아 있어야 한다는 의미였다. 아울러 테러 없이 혁명을 끝낼 수도, 실현할 수도 없다고 여겨졌다. 실제로 이 법령은 로베스피에르 개인 지배를 확립하는 계기가 되었다. 12월 4일, '혁명정부'에 대한 또 다른 법령이 제정되면서 최종적으로 권력의 중앙집중화가 이루어졌다. 로베스피에르가 이끄는 공안위원회는 '혁명재판소'를 확대하고 '용의자'를 추적, 처벌하는 '안보위원회'를 지휘했다. 이로써 각료, 군대 그리고 확대된 혁명재판소까지 모두 공안위원회의 통제 아래 놓였다. 공안위원회는 또한 절대왕정 시기 지사를 연상케 하는 지역 위원들을 통해 데파르트망을 감독했다. 국민공회를 통해 이뤄지던 12인위원회 위원의 월례 임명 규정도 폐지하면서 혁명정부의 독립성은 더욱 커졌다.

이렇게 1793년 말 혁명독재가 제도화된 후 로베스피

에르는 이를 정당화하는 작업에 착수했다. 12월 25일 연설에서 로베스피에로는 혁명정부론을 제시하며 혁명정부의 임무는 "국가의 모든 도덕적, 물리적 역량을 혁명이 지향하는 목표를 실현하기 위해 집중시키는 것"이라고 주장했다. 혁명의 목표는 공화국을 정립하고 모든 "선량한 시민"을 보호하며 "인민의 적"을 박멸하는 것이다. 그러므로 혁명은 "자유의 적들에 맞서는 자유의 전쟁"이다. 이 전쟁이 성공적으로 마무리되고 나서야 "승리를 이룩한 평화로운 자유 통치"로서 헌법의 시대가 시작될 것이다. 혁명정부가 행사한 "폭정에 대항하는 자유의 전제정치"는 그 정당성을 인민의 의지와 공공의 이익에서 찾았다. 1794년 2월, 로베스피에르는 독재 이론을 확장하며 계몽주의적 이성에 대한 신념과 덕성이라는 개념을 도입했다. 그는 덕성이 "민주주의 정부의 기본 원칙"이며 따라서 공화국의 기본 원칙이라고 보았다. 덕성이란 다름 아닌 "조국과 법에 대한 사랑"이며, 정치적 평등의 원칙 역시 포괄한다. 혁명기에는 자유와 마찬가지로 덕성도 인민의 적에 맞서 관철하기 위해 특별한 수단이 있어야 하며, 그 수단이 바로 테러였다. 로베스피에르에게 덕성과 테러는 동전의 양면과 같았다.

"테러는 즉각적이고 엄격하며 굽힐 줄 모르는 정의와 다름없다. 그러므로 테러는 덕성의 발현이다."

독재를 덕성과 행복이라는 가치로 정당화하려는 데는 분명 이유가 있었다. 1793년 12월 말, 혁명독재의 초기 명분은 이미 사라진 상태였다. 내부의 적들을 진압하고 배신한 도시 리옹과 툴롱을 탈환했다. 이 과정에서 혁명위원들은 대량 처형과 익살溺殺(물에 빠뜨려 죽이는 처형 방식-옮긴이)과 같은 잔혹한 처벌을 가했다. 방데의 봉기군 역시 10월과 12월 사이에 전멸했다. 이를 지휘한 승리의 장군은 냉혹하게 보고했다. "방데는 이제 존재하지 않습니다." 밖으로도 혁명군은 옹드스코트와 와티니에서 결정적 승리를 거두었다.

테러는 이제 정적과 국민공회 내 경쟁 정파를 겨냥했고 이로 인해 그 이데올로기적 정당성은 더욱 의심스러워졌다. 이는 합리적이고 덕성을 갖춘 인민의 자유를 확립하고 보장해야 한다는 구상에 기반했으나 혁명정부가 민중운동을 탄압하고 정적들에게 혁명의 통합을 위협한다는 비난을 쏟아낼수록 점차 신뢰를 잃어갔다. 혁명정부가 공화국의 적으로 규정한 자들을 향해 폭력을 지속해서 확대하면서 혁명의 지지자와 반대자를 구분하는 일조차 모호해졌다. 1793년 10월부터 혁명정부는 파리 구역들의 권력을 제한하기 위한 노력을 강화했다. 9월 초에 앙라제를 체포한 데 이어 공안위원회의 권력의지는 곧 민중운동의 다른 대표자들을 겨냥했다. 공안위원회는 우선 10월 30일에 여성 클럽을 금지했다. 여성 클럽은 1792년 8월 10일 이후 일반적 해방운동의 소박한 산물로 형성된 것이었다. 1793년 11월 28일에는 그라빌리에 구역에서 자크 루의 지지자들을 체포했고, 11월과 12월 사이에는 마침내 혁명군을 해산했다. 이후 로베스피에르는 코르들리에클럽의 '과격 혁명파' 지도자들과 에베르 및 그 지지자들을 탄압했다. 에베르와 그 지지자들은 1794년 3월에 체포되었다. 한편 로베스피에르의 권력의지는 정치적 반대편, 즉 카미유 데물랭과 당통을 중심으로 모인 집단으로 확장되었다. 이들은 테러의 과잉을 비판하며 온건파 또는 관용파로 불렸다. 1793년 12월 말, 리옹에서 연방주의 저항을 유혈 진압하고 지롱드파를 단두대에서 처형하며 군사적 긴장이 완화되자 이들은 '피의 정권'을 저지하고 혐의자들의 석방을 촉구했다. 공안위원회는 이들을 해로운 존재이자 혁명의 적으로 지목하고 체포했다. 로베스피에르는 이들을 변장한 지롱드파라고 비난했다. 이들은 결국 권력투쟁의 희생자로 1794년 4월 5일에 처형되었다. 과격 혁명가든 온건 혁명가든 공안위원회를 비판한 자들은 모두 혁명을 훼손했다는 이유로 공격받았다. 코르들리에클럽의 구성원들이 처음부터 혁명을 위해 올곧이 진력해왔다고 필사적으로 호소해도 소용없었다. 공익이라는 명분으로 시작된 이 과정은 이제 걷잡을 수 없는 상태에 이르렀다.

하지만 1794년 봄, 에베르파와 당통파가 제거된 후 갈등의 불씨는 사라지고 파벌 숙청도 일단락된 듯 보였다. 이제 국민공회가 그 위원회와 함께 통치하는 데 아무런 방해가 없는 듯했다. 그러나 새로운 위원들이 지방에 파견되고 새로 임명된 파견의원들이 장군들을 감시했다. 불신은 여전했으며, 국민공회는 통제의 고삐를 더욱 조였다. 여전히 열악한 물자 공급 상황에 대한 불만을 누그러뜨리고자 혁명정부는 1794년 2월, 빈곤층을 위해 1000만 리브르를 지원하는 동시에 방토즈 법령을 통해 혐의자들의 재산 분배를 명령했다. 하지만 이러한 조치는 평등주의적이고 반소유적인 사회정책의 선구적 사례가 아니었으며, 오로지 정치적, 전술적 목적에서 나온 것이었다. 동시에 도시 인민 대중 내부의 '무정부주의적' 움직임에 대한 불신은 여전히 계속되었다.

1794년 봄, 혁명정부는 기층에 대한 불신을 더욱 깊이 드러냈고, 파리 구역들과 다수의 국민공회 의원 집단으로부터 더욱 고립되어갔다. 이러한 상황에서 배신과 음모론이 재점화되며 1794년 5월 20일과 23일, 공안위원회의 두 위원 콜로 데르부아와 로베스피에르를 겨냥한 암살 시도가 잇따라 발생했다. 로베스피에르가 이에 대응해 프레리알 22일(1794년 6월 10일)에 도입한 프레리알법은 탄압을 더욱 강화하는 대(大)테러의 시작을 알렸다. 프레리알법에 따라 재판 절차는 더욱 간소화되었고 혁명정부는 반대 세력을 좀더 자의적으로 탄압할 수 있게 되었다. 테러는 이제 모든 반대 활동을 억압하는 데만 초점을 맞춘 정부 체제가 되었다. 프레리알법은 테러와 혁명을 동일시하고 혁명정부에 혁명의 적을 규정하고 처벌하는 전권을 갖도록 부여했다. 프레리알법은 적을 체계적으로 제거하는 도구가 되었다. 그 결과 공안위원회와 안보위원회 사이에 분열이 생겼으며 의원들은 자신이 혁명의 적으로 지목될지도 모른다는 두려움에 휩싸였다. 공안위원회 내부에서도 격렬한 갈등이 발생했다. 카르노와 생쥐스트는 군사 전략을 두고 언쟁을 벌였고 콜로 데르부아와 비요바렌은 로베스피에르의 독재적 권한에 분개했다. 갈등의 또 다른 축은 '최고 존재의 제전'이었다. 로베스피에르는 1794년 6월에 열릴 축제를 기획하며 공공 축제의 정치, 교화 기능을 유지하면서도 이를 정부의 통제하에 두려는 의도를 드러냈다. 특히 급진적 민중운동은 반교권주의적 폭동으로 이어지곤 했는데, '부패할 수 없는 자'(로베스피에르의 별명-옮긴이)는 이를 무정부적이고 국가 통합에 위협이 되는 요소로 간주했다. 그러므로 '최고 존재의 제전'은 모든 애국자를 결집하기 위해 고결한 존재에 대한 보편적 믿음을 불러일으키는 통합 기능을 가져야 했다. 제전의 연출은 혁명의 공식 연출가로 자리 잡은 자크 루이 다비드가 맡았다. 로베스피에르는 하늘색 망토를 두르고 꽃다발을 손에 든 채 행렬을 이끌며 혁명정부 이론을 위한 자신의 노력을 상징적, 소통적 차원에서 정립할 기회를 이용했다. 혁명은 부패와 이기주의에 대한 선전포고로서, 이성과 덕성의 가치 구현으로서 표현되었다. 하지만 제전은 자발성이 없는 연출로 비판받았다. 생쥐스트는 이를 두고 혁명이 얼어붙었다고 평가하며 우려를 표했다. 앞으로 다룰 내용이지만 '자코뱅 지배' 시기에 문화정치적 공세와 새로운 것을 세우려 한 국면이 있었다. 그러나 그렇다 하더라도 혁명 축제를 자의적으로 사용하고 재해석하고 정치적으로 도구화하는 양상이 나타났다. 이는 연출의 수용과 구속력이 결핍되었음을 가리키며, 그 결핍은 급격한 정치체제 변화와 이에 따른 정치적, 문화적 해석 체계의 변동에서 비롯한 결과였다.

로베스피에르의 실각과 테러의 결산

프레리알법이 공표되고 몇 주 지나지 않아 혁명이 얼어붙었음이 드러났다. 내부 갈등이 늘어나면서 로베스피에르는 공안위원회 회의에도, 자코뱅클럽 회의에도 모습을 드러내지 않았다. 7월 26일(테르미도르 8일), 그는 국민공회 연단에 올라 익명의 의원들을 겨냥해 막연한 위협을 가했다. 마침내 로베스피에르의 몰락을 준비한 이들 중에는 푸셰, 콜로 데르부아, 프레롱, 바라스 등이 있었다. 이들은 리옹, 툴롱, 마르세유에서 연방주의자들의 봉기를 유혈 진압한 자신들에게 로베스피에르가 책임을 물을 것이 두려웠다. 결국 이들은 국민공회 한가운데에서 로베스피에르를 체포하기로 했다. 로베스피에르는 상퀼로트의 지지를 더는 기대할 수 없었다. 코뮌은 다시금 경종을 울리고 16개 구역에서 약 3만 명의 활동가를 동원했으나 이들은 자신들의 옛 영웅을 돕지 않았다. 국민공회의 임금 상한제 정책이 결함투성이라고 믿었던 이들은 로베스피에르의 체포에 침묵으로 반응했다. 로베스피에르는 자살을 시도했으나 중상을 입는 데 그쳤고 고통 속에서 단두대에 올랐다. 당시 경찰 보고서에 따르면 시 외곽 지역에서 온 브러시 제조공 무리는 그의 머리가 떨어지는 순간을 보며 상한제가 바구니에 떨어졌다고 말했다.

1794년 7월 28일, 로베스피에르는 최측근 105명과 함께 처형되었다. 이는 테러 정부 체제의 종식을 의미했다. 로베스피에르는 이 체제에 두 가지 목표를 부여했다. 하나는 혁명을 구하는 것이었고, 다른 하나는 새로운 사회를 건설한다는 것이었다. 첫 번째 목표는 정치적 결정의 중앙화와 야만적 위협 및 강제를 통해 달성되었지만 그 대가는 너무나 컸다. 테러는 엄청난 인적 고통을 초래했고 수만 명의 목숨을 앗아갔다. 테러는 자코뱅 정치에 값비싼 도덕적 대가를 치르게 했다. 덕성 있는 자족 사회 건설이라는 두 번째 목표는 비현실적인 망상과 부족한 실행력 탓에 실패로 끝났으며, 혁명 정치 엘리트들에게조차 매력을 잃고 공포만을 불러일으켰다.

테러의 전개 과정, 즉 민중운동의 개별적 특별 조치와 청산 요구에서 시작해 합법적 테러로 이어진 과정을 혁명 이데올로기의 산물이라고 설명할 수는 없다. 오히려 통일, 덕성, 혁명의 순수성 같은 이데올로기는 폭력 행위나 폭력 위협을 정당화하기 위한 사후 명분으로 작용했을 뿐이다. 이러한 폭력의 근원은 인민의 오랜 집단 폭력에 있었으며, 이는 1789년 이후 점차 정치 수단으로 의도적으로 사용되는 혁명적 폭력으로 변모했다. 혁명적 폭력은 단순히 국내외 정치 발전 과정에서 발생한 위기 상황에 의해 촉발된 것이 아니라 그 위기에 대응하기 위해 당시 정치 주도권을 쥔 집단들이 벌인 정치적 갈등과 행동의 결과였다. 이는 특히 자코뱅파와 산악파의 정치에서 두드러졌다. 이들의 말과 행동은 혁명의 전환과 실현으로 표출되었고 혁명의 동학을 만들어냈다. 이러한 동학은 대의제 헌법과 권력분립이라는 제도적 장치에 기반한 온건한 정치적 입장과 결정을 정치적 주변부로 밀어냈고 혁명의 급진화를 촉진했다. 1793년과 1794년의 권력투쟁 속에서 테러의 체계화로 이어진 과정은 외부의 정치적, 군사적, 경제적 상황과 더불어 담론적, 상징적 언행이 혼재된 상황이었다. 이는 혁명의 급진화와 테러의 제도화를 촉진했다. 파트리스 게니페의 관찰에 따르면 이 시기의 테러 정치는 그 기능이 변했다. 1793년 3월에서 12월까지 권력투쟁에서 테러는 "무정부 상태의 증상"이었으나 1794년 봄에는 "국가 안정화의 도구", 즉 이론적 정당성을 부여받은 하나의 권력 체계로 자리 잡았다. 다시 말해 어떤 이데올로기가 테러로 이어진 것이 아니라 오히려 테러의 실천이 한 이데올로기의 일시적 지배로 이어졌던 것이다. 로베스피에르의 몰락으로 테러가 끝난 이후에도 자코뱅주의 이데올로기는 소멸되지 않았지만 그 영향력은 크게 축소되었다.

1794년 7월 28일, 국민공회를 통한 무서운 복수와 자기 확신의 행위는 마지막 대규모 처형의 일부였으며 당장은 아니더라도 짧은 시간 내에 테러를 끝냈다. 6월에서 7월까지 몇 주 동안 전국에서 남녀 1만 6594명이 합법적으로 실행된 테러의 희생양이 되었는데, 파리에서만 1376명이 희생되었다. 이들 대부분은 무장 반란 혐의로 기소되었다. 수치로 보자면 테러는 1793년 여름부터 1794년 봄 사이에 절정에 달했다. 이는 혁명재판소의 활동에서도 확인된다. 첫 7개월 동안 매달 50명이 기소되던 것이 1793년 11월에는 300명으로, 1794년 6월에는 700명 이상으로 급증했다.

테러에 관한 모든 통계는 추상적이고 비인간적이다. 특히 프랑스혁명에 관한 통계는 계산상 부정확한 것도 많다. 그러나 숫자는 통계적 불확실성 속에서도 폭력의 규모를 가늠하게 하고 그것이 초래한 정치적 충격과 논쟁의 지속성을 설명해준다. 1935년에 도널드 그리어는 초기 추정에 따라 1793년 3월부터 1794년 8월 사이에 처형된 인원을 1만 6594명으로 추산했다. 하지만 이 수치에는 자료가 전해지지 않는 리옹에서의 대규모 처형의 희생자는 포함되지 않았다. 과밀한 감옥에서 발생한 희생자 수도 정확히 파악할 수 없다. 따라서 그리어의 추정치는 상당히 상향 조정되어야만 한다. 희생자들은 결코 앙시앵레짐의 상류층 출신에 국한되지 않았다. 기록에 따르면 처형된 사람 중 6.25퍼센트는 대검귀족 출신이었으며 2퍼센트는 법복귀족, 6.5퍼센트는 성직자, 14퍼센트는 상층 부르주아, 10퍼센트는 중간층 부르주아, 31.25퍼센트는 육체노동자, 28퍼센트는 농민 계층 출신이었다. 각 계층이 전체 인구에서 차지하는 비율을 고려하더라도 테러의 피해는 특정 계층에만 국한되지 않았음을 알 수 있다. 따라서 이는 단순히 사회적 원인으로만 설명할 수 없는 현상이었다. 처형된 사람의 대다수는 오히려 정치적 동기에서 비롯된 희생자였다고 볼 수 있다.

7. 혁명의 정치 문화

자코뱅과 상퀼로트 지배에 관한 역사학과 언론의 평가는 항상 논쟁적이었다. 대개 이러한 평가에는 정치 성향이 큰 영향을 미쳤다. 20세기, 특히 1950년대에서 1970년대 사이에 신자코뱅주의와 마르크스주의 역사학은 1792년에서 1794년까지의 혁명의 두 번째 국면을 "평등 혁명"(소불)으로 보며 사회적, 정치적 시각에서 혁명의 가장 진보된 단계라고 긍정적으로 평가했다. 이에 반해 퓌레 등 자유주의 진영의 학자들은 자코뱅 시대의 통제와 테러 정치를 혁명이 본래의 역사적 궤도에서 이탈했음을 보여주는 사례로 보았다. 이들은 이 시기를 입헌주의국가가 창립된 1789년부터 1791년까지의 초기 혁명기와 비교해 혁신성이 낮은 시기라고 평가절하했다. 그러나 지난 20여 년 동안 역사학이 망탈리테사와 문화사적 관점으로 옮겨가면서 이러한 평가는 상대화

그림 5. 1791년 9월 14일, 루이 16세는 국민의회에서 헌법에 맹세하는 연설을 했다.

되었고, 그에 따라 논쟁도 완화되었다. 1792년부터 1794년까지 정치적 급진화가 프랑스인의 사회문화적 삶에서 깊은 휴지기로 이어졌고 정신적 상태나 정치적 사유에서 특히 날카로운 단절을 가져와 민주적 정치 문화의 발단을 처음으로 강화했으며, 이를 통해 사람들의 행동과 의식을 각인했다는 데는 이견이 없다. 이러한 시각에서 보면 두 국면 사이의 대비는 과거처럼 극단적이지 않다. 우리는 이 시각에서 프랑스혁명을 바라본다.

혁명은 모든 것을 뒤엎고 새로운 사회를 창조하려는 포괄적인 목표를, 그리고 유토피아적으로 변형되면서 새로운 인간을 창조하려는 의지를 보여주었다. 이러한 의지는 정치적 실천뿐만 아니라 문화와 예술, 교육과 학문, 언어와 문학, 박물관과 기록보관소, 의복 양식과 건축 등 모든 영역에 걸쳐 나타났다. 이를 위해 구질서와 전통적 가치 규범, 인습적 사회관계와 구성을 해체하거나 변형해야 했다. 혁명은 공적 생활뿐만 아니라 사적 생활의 모든 영역에 새로운 틀을 부여하고자 했다. 이 변화가 실제로 얼마나 포괄적이고 심오했는지는 대략적으로만 평가할 수 있으며, 이를 위해서는 필연적 분화에 관한 인식이 필요하다. 혁명이 프랑스인의 삶에 가져온 심오한 변화는 새로운 질서의 공개적 표출이나 일상생활에서 명확히 드러나는데, 이는 총재정부 시기 프랑스로 돌아온 망명자들의 일치된 증언에서 확인된다. 또한 1792년 8월 이전에 파리로 대거 몰려왔고 테러가 끝난 뒤 다시 파리에 돌아온 혁명 순례자들 역시 그들이 목격한 변화를 여행 기록에 상세히 남겼다. 이와 유사한 증언은 각계각층의 동시대인이 남긴 자서전적 회고에서도 발견된다. 그들은 혁명 이후 자신과 주변에서 어떤 변화가 일어났는지를 되돌아보며 기록을 남겼다.

신세계의 생성

혁명은 대다수 프랑스인의 사회적 관계를 바꿔놓았고 신분, 조합, 교단을 해체했다. 이는 어떤 이들에게는 영구적 변화였으나 또 어떤 이들에게는 일시적이고 임시적인 변화였다. 하지만 이 변화는 새로운 것을 만들고 지각하기 위한 중요한 전제 조건이었다. 혁명 속 삶은 무엇보다 도시의 인민대중이나 농민에게 여전히 일상의 생계 문제와 사회적 불평등과의 직면을 의미했다. 그러나 혁명 속 삶은 또한 도시에서 정치 갈등 또는 오래된 문제와 우려에 관한 정치적 해석과 마주하는 일이기도 했다. 이는 나아가 의식적이든 무의식적이든 새로운 정치적 실천과 행위 공간, 새로운 매체와 상징의 형성 과정에 대한 동시대의 증인이 되거나 그 과정에 참여하는 것을 의미했다.

혁명이 일상에 가져온 가장 큰 변화는 단연 역법과 도량형의 개혁이었다. 이는 혁명력과 함께 새로운 시대를 정립하고 기독교 전통에서 비롯한 모든 생활 방식을 벗어던지겠다는 혁명의 주장을 가시화하고 일상에서 체감할 수 있게 했다. 1792년 9월에 신년이 시작되었다.

프랑스공화국의 원년이 시작되었다. 그 첫날은 9월 22

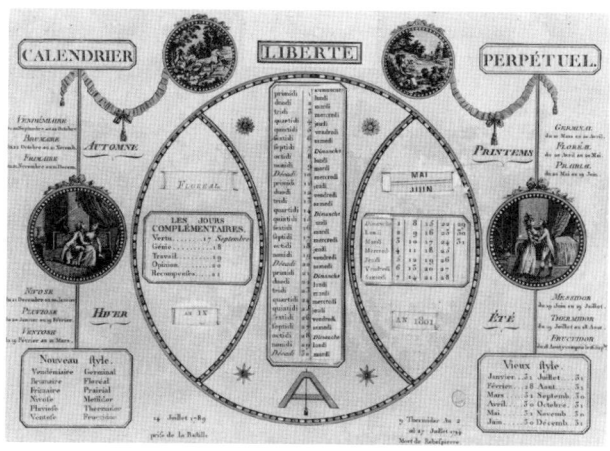

그림 6. 혁명정부는 혁명력의 도입과 함께 새로운 시대의 개막을 알렸다.

일이었으며 1년은 12개월, 한 달은 30일, 남은 5일(윤년의 경우 6일)은 상퀼로트의 날로 지정하여 공휴일로 정했다. 한 주를 10일로 재편하고 그 마지막 날을 휴일로 했다. 따라서 일요일이 적었다. 각 달의 이름은 기존의 신화적 요소를 제거하고 방데미에르Vendémiaire(포도의 달, 포월葡月=혁명력의 첫 번째 달), 브뤼메르Brumaire(안개의 달, 무월霧月=두 번째 달), 테르미도르Thermidor(더위의 달, 열월熱月=열한 번째 달) 등과 같이 '계절'을 은유하는 이름으로 바꿨다. '상퀼로트의 날'은 혁명의 정치적 규범과 사건들을 기념하고 축하하는 데 바쳐졌다. 이를테면 표현의 자유, 노동, 재능, 최고 존재의 제전과 같은 주제들이 포함되었다.

특히 일요일과 공휴일의 변경은 관습에 깊이 영향을 미쳤다. 결혼식은 새로운 달력의 데카디Dekadi(한 주 마지막 열 번째 날)에 올려야 했고 공직자의 취임식도 혁명력을 따라야 했다. 하지만 새 달력을 정착시키기는 매우 어려웠고, 특히 농촌에서는 그럴 가망이 전혀 없었다. 편지와 문서에는 기존 날짜와 함께 혁명력이 병기되었으며, 결국 1802년에 한 주 10일 제도가 폐지되고 1805년 나폴레옹 시대에 혁명력이 완전히 폐기되자 사람들은 크게 안도했다.

민주주의 문화

공공 생활에서 나타난 중요한 변화 중 하나는 정치 집회와 참여 가능성이다. 전국신분회 선거 때와 새로운 지자체법 도입 후의 구역 회의가 여기에 속했다. 제헌의회가 도입한 새로운 선거권은 이러한 정치 실천을 연장하여 상례화했다. 시민들이 정치적으로 획득했다가 다시 상실했던 구역 회의에서 상시 개최된 회의는 개인에게 인민주권에 직접 참여하는 느낌을 주었다. 이러한 참여 의식은 국민공회를 향해 행진하는 시위 행렬에서 더욱 강하게 드러났다.

정치 클럽이나 민중 협회의 회원 자격은 정치화와 정치적 공론장 참여의 심화된 형태를 의미했다. 클럽의 조직 형태는 지적인 토론 모임에서부터 정기적으로 회비를 받는 정치, 의회 단체를 거쳐 훨씬 개방적인 민중 협회(우애협회société fraternelle)에 이르기까지 다양했다. 클럽의 정치적 범위 역시 왕당파적 우파에서 풀뿌리 민주주의적 좌파에 이르기까지 다양했다. 신분제나 군주제 같은 전통적 지배 형태를 따르는 집단들까지 정치 클럽을 조직했다는 사실은 새로운 형태의 정치 공동체가 기능적으로 작용했으며 널리 받아들여졌음을 보여준다. 클럽은 정치적으로 뜻을 같이하는 의원 간의 소통뿐만 아니라 정치적 원칙과 시급한 현안을 논의하는 데도 중요한 역할을 했다. 여기에서 사람들이 헌법, 인권, 정의, 법의 타당성에 관해 자유롭게 토론할 수 있었다는 사실만으로도 정치혁명이었다. 자코뱅클럽과 코르들리에클럽의 역사는 이러한 소통이 헌법 기관의 통제를 의미할 수도 있음을 보여준다. 혁명의 급진화와 함께 대중 클럽들은 점차 자신들을 혁명의 파수꾼으로 인식하기 시작했다. 특히 풀뿌리 민주주의를 지향한 민중 협회들은 스스로를 헌법 기관의 경쟁자로 이해하고 혁명의 신념과 상징을 감시하는 역할을 했다. 이들은 휘장의 착용 여부나 정치 행사 참여 여부를 감시하는 일까지 했다. 하지만 클럽들의 기본 사상은 계몽운동의 전통과 연결되며, 정치적 담론을 실천하는 데 있었다. 아울러 클럽들은 정치 지도자들이 자신을 부각하고 권력을 공고히 하는 장이기도 했다. 가장 유명하고 영향력 있는 클럽은 '헌법의벗협회'였다. 이들은 파리 생토노레 거리에 있던 버려진 자코뱅수도원에서 모임을 가져 자코뱅클럽이라는 이름을 얻었다. 자코뱅클럽의 강점은 전국적인 조직망에 있었다. 이들은 지부 클럽을 형성하고 신문과 서신을 통한 광범위한 소통망을 운영하면서 전국에 걸쳐 네트워크를 구축했다. 이를 통해 자코뱅클럽은 여러 차례의 분열과 정치적 헌법 변화를 넘어 조직적으로 지속성을 유지할 수 있었다. 연간 12~24리브르였던 회비는 클럽을 아래로부터 사회적으로 구분했다. 코르들리에클럽과 달리 자코뱅클럽은 이러한 연회비 때문에 '민중'이 접근하기 어려웠다. 클럽의 조직 활동과 동원력은 1793년과 1794년에 정점에 달했다. 이 시기에는 주민

4000명 이상이 거주하는 도시마다 클럽이 있었다. 평균적으로 도시 성인 남성의 15~30퍼센트가 클럽에 가입했다. 그 반면 소도시와 촌락에서는 조직률이 상대적으로 낮았다.

여성 운동 역시 정치 클럽이 확산되고 그 역동성이 강화되는 과정에서 일정한 혜택을 보았다. 1789년 이후 여성의 권리 요구가 표출되었음에도 큰 영향을 미치지 못했던 상황이었다. 1789년에서 1793년 사이 전국적으로 약 60개의 혁명적 여성 클럽이 결성되었지만 이들은 남성만을 회원으로 받았던 클럽들의 조직 규모에는 미치지 못했다. 그런데도 여성 클럽의 활동은 대개 자코뱅 클럽과 밀접한 관계를 맺으며 소수자의 정치화를 처음으로 가능하게 해주었다. 그러나 여성 클럽은 그 사회적 기반과 온건한 실천 때문에 특히 도시 인민 계층 출신 여성들의 광범위한 사회적 불만을 조직적으로 결집하는 데 어려움을 겪었다. 예외적으로 '혁명공화파 여성시민협회'는 코르들리에클럽과 더 밀접한 관계를 맺고 있었으며, 1793년 6월 2일 혁명일에 지롱드파에 반대하며 국민공회에 등장함으로써 주목을 받았다. 눈에 띄는 것은 파벌 싸움에서 가장 먼저 해산된 것이 이 여성 클럽이었다는 점이다.

  클럽들은 선거 준비에서 중요한 역할을 맡았다. 이는 후보자 선정과 공개 발언뿐만 아니라 선거 전 정치적 동원에도 해당했다. 클럽들이 이러한 역할을 맡을 수 있었던 것은 선거의 특수한 조직 방식과 그들이 맡은 기능 때문이었다. 혁명이 정치 생활에 가져온 변화 중 하나는 선거 원칙의 도입이었다. 이 원칙은 지자체부터 국민의회 의원에 이르기까지 모든 공직에 적용되었고 1789년부터 나폴레옹의 쿠데타(1799년 11월 9일) 이후 세 명의 관료가 공동으로 권력을 행사하는 집정정부가 출범할 때까지 지속되었다. 정치적 의지를 형성하는 데 중요한 역할을 한 선거 원칙은 선거 규정과 재산 기준에 따라 모든 남성을 포함하거나 능동 시민이라는 소수 집단만 정치에 참여할 수 있게 했다. 당선자의 임기도 상대적으로 짧았기 때문에 10년간 선거를 실행하면서 선거도 누적되었다. 이 시기에 전국적으로 약 20회의 선거가 치러졌다. 무엇보다도 선거는 인민주권의 상징적 표현이자 헌법 지배의 정치적, 실천적 결과였다. 그러나 선거는 실제로 민주주의를 확대하는 효과를 내지 못했다. 선거가 본래의 정치적 목표를 충분히 실현하지 못한 이유는 단순히 재산 기준에 따른 제한 때문만은 아니었다. 1793년에는 이 제한 규정이 일시적으로 철폐되기도 했으나 이를 추진했던 산악파조차 이를 활용하지 못했다. 산악파가 비상사태를 이유로 헌법을 정지하고 거의 2년 동안 모든 선거를 중단시켰기 때문이다. 한편 첫 코뮌 선거에서 50퍼센트였던 투표율이 이후 평균 25퍼센트 수준까지 떨어졌으나 이를 민주화 효과에 반하는 것으로 보기는 어렵다. 더 결정적인 문제는 선거 절차였다. 선거 절차는 유권자 시민을 개별화하고 결국 고립시키는 방식으로 설계되었다. 그 배경에는 모든 신분적, 조합적 장벽과 유대를 완전히 제거하려는 의도와, 선거인 회의나 선거 연대를 피하려는 목적이 있었다. 하지만 실제 선거 절차는 혁신적이라기보다는 오히려 기존의 단계적 선거 절차를 그대로 유지하는 역설적 결과를 낳았으며 그 과정은 여전히 불투명했다. 새로운 선거 절차는 낡은 조합적 유대가 비공식적으로 지속할 가능성을 오히려 부추겼다. 투표는 1차 선거인 회의에서 후보자에 대한 사전 소개나 후보자 간 토론 없이 이루어졌다. 후보가 난립하는 상황을 방지하기 위해 최소 세 차례의 투표가 규정되었으나 실제로는 그보다 훨씬 더 많은 투표가 치러졌다. 게다가 1차 선거는 캉통 도시들에서 치러져야 했는데 이 때문에 많은 유권자는 투표를 위해 번거롭게 비용을 들여가며 먼 길을 이동해야 했다. 이러한 불편함은 상당수의 유권자가 아예 선거에 참여하지 않게 만드는 요인이 되었다. 더욱이 투표 과정 자체도 시간이 오래 걸리는 복잡한 절차였으므로 선거를 꺼리는 경우가 많았다. 후보자가 개별적으로 출마하는 방식이어서 유권자들은 후보를 직접 만나거나 정보를 얻기 어려웠다. 이로 인해 전통적 연고나 비공식적 유대 관계가 후보 선택에서 중요한 기준으로 작용했다. 결국 선거 절차는 단합과 평등이라는 정치의 지도적 이상을 명백히 위협할 수밖에 없었다. 선거는 구별을 의미했으며, 이를 통해 새로운 정치적, 사회적 엘리트층이 형성되었기 때문이다. 이러한 현상은 대중의 의식 속에 뿌리내리고 있던 영향력 있는 집단의 음모에 대한 선입견을 더욱 강화했다. 이와 함께 재선이 원칙적으로 금지되었다는 점도 정치 지도층의 투명하고 안정적인 형성을 가로막았다.

정치 지도층은 오히려 정치 클럽을 통해 훨씬 더 많이 선출되었다. 선거 절차가 실질적이지 못했기에 클럽들은 여론 형성과 후보자 선정에서 중요한 역할을 했다. 이는 물론 언론과 협력하는 방식으로 이루어졌으며, 동시에 도시의 급진적인 상퀼로트와 충돌을 빚는 일도 많았다.

언론 혁명

게다가 프랑스혁명은 매체 혁명이기도 했다. 언론의 다양성과 사회적 파급력뿐만 아니라 시의성과 공격성은 공공 생활에서 새로운 현상이었다. 앙시앵레짐 때와 달리 혁명기 신문은 발행 주기가 짧아졌는데, 월간이 아니라 주간 단위로 나오면서 시의성이 높아졌고 발행 부수는 크게 증가했다. 《메르퀴르드프랑스Mercure de France》는 18세기 후반 3000~5000부를 발행했으나 혁명기에는 1만 5000부로 늘어났다. 같은 시기 《레볼뤼시옹드파리Révolutions de Paris》 역시 비슷한 수준의 발행 부수를 기록했으며, 특히 이 신문은 '혁명'이라는 단어를 제목에 사용한 최초의 신문이었다. 신문은 혁명의 핵심 매체로서 정보 전달과 소통에 탁월한 역할을 했다. 무엇보다도 혁명기의 신문은 이전 시대의 신문보다 훨씬 더 정치적이었다. 다양한 정치적 견해를 반영하며 공론의 정치화를 촉진하는 데 결정적인 역할을 했다. 또한 특정 신문을 통해 의견을 개진하거나 직접 신문을 발행하는 일은 정치 지도자들이 성장하고 두각을 나타내는 중요한 경로였다. 많은 정치인이 신문을 통해 경력을 쌓고 영향력을 키웠으며, 때로는 빠르게 좌초되기도 했다. 혁명기 동안 파리에서는 400여 종, 지방에서는 80여 종의 정기간행물이 발행되었지만 그 수명이 짧고 단명하는 경우가 많았다. 신문 대부분은 국민의회 회의 내용을 중심으로 보도했다. 주로 정치적 진전과 정책 추진 과정에서 발생하는 난관들을 주요 주제로 삼았다. 이와 함께 신문에는 일화, 스캔들, 고발 기사도 실렸다. 언론은 정치적 공론과 클럽들에게 정보의 원천이었을 뿐만 아니라 정치 집단이 형성되고 결집하는 핵심 매체였다. 시민은 집이나 클럽 또는 정치 토론이 활발하게 이루어지던 카페에서 신문을 읽었다. 사람들은 특정 신문에만 의존하기보다는 다양한 신문을 접하는 것을 선호했다. 물론 신문 발행 부수에 따른 순위표도 있었다.

　인쇄된 단어와 더불어 삽화도 의사를 전달하는 수단이 되었다. 삽화 저널리즘 역시 "작지 않은 근본적 혁명"을 체험했다(라이하르트). 정치 사건이 벌어지는 장소 인근에는 출판업자와 판화가들이 자리 잡고서 "더 새롭고 빠른 판화 기술로 사건을 기록하고 논평했으며, 나아가 선동적으로 확산하려"했다(라이하르트). 삽화가 실린 팸플릿은 높은 발행 부수를 기록했다. 많은 신문도 제호 아래 삽화를 배치했다. 신문의 표지에는 작은 삽화나 캐리커처가 실리는가 하면 정치적 메시지를 시각화하거나 최신 사건을 강조하는 큰 삽화도 들어갔다. 이와 함께 삽화 중심의 팸플릿과 신문도 있었는데, 연속된 삽화로 구성하여 캐리커처와 이미지를 연속 배열했다. 이는 혁명 사건을 한눈에 보여주는 일종의 혁명 삽화 갤러리로서 역할을 했다. 가장 성공적이었던 삽화집은 《프랑스혁명의 역사적 풍경Tableaux historiques de la Révolution Française》 시리즈였다. 이 삽화집은 혁명 사건을 연속해서 묘사하고 언어적, 미학적 요소를 결합해 해설을 덧붙였다. 이는 단순히 사건을 묘사하는 데 그치지 않고 혁명의 행위자들, 대중 집회, 혁명 축제, 봉기 장면까지 포함해 역사적 격변을 생생하게 체험하고자 했던 독자에게 혁명의 상황을 구체적으로 전달했다. 이미지 매체는 적지 않은 역할을 했는데, 추상적 정치 개념을 시각화하고 감각적으로 경험할 수 있게 해주었다.

그림 7. 혁명의 정신적 안내자 장자크 루소와 함께 자유, 평등, 정의, 자연 등 혁명의 핵심 가치를 시각적으로 상징화한 삽화다.

혁명기 주요 사건과 인물뿐만 아니라 혁명을 시대의 전환점으로 해석하는 방식, 앙시앵레짐과 사회적 불평등에 대한 비판 그리고 나아가 정치적 규범을 상징적으로 표현하고 확산하는 작업이 주요한 주제였다. 혁명의 상징들은 종종 우화적 또는 풍자적인 형태로 표현되었다. 자유의 여신, 조국의 제단, 헌법의 법전, 궐기와 인민주권을 나타내는 상징적 요소들이 자주 등장했다. 삽화가들은 종종 전해 내려온 그림 언어, 특히 우화 형식을 활용했다. 이를 당대의 시각적 자료, 상징, 설명 문구와 결합하여 현실에 맞게 변형하는 작업을 통해 독자가 당시 사건들을 혁명의 관점에서 이해할 수 있게 했다. 예를 들어 고대부터 권력과 힘의 상징이었던 헤라클레스는 혁명기에 상퀼로트의 헤라클레스로 재해석되었다. 그는 야성적으로 등장해 새로운 주권자의 혁명적 힘을 상징했다. 이러한 미학적 전유와 의미의 재해석 과정은 혁명 축제의 의례에서도 찾아볼 수 있다.

시의적이며 단순화된 삽화 저널리즘에 대한 수요가 얼마나 컸는지는 《프랑스혁명의 역사적 풍경》의 출판 성공 사례를 통해 확인할 수 있다. 이 시리즈는 여러 판본으로 제작되어 벨기에, 네덜란드, 독일 등 이웃 나라에서도 유통되었다. 이러한 판본들은 각국의 시각적 전통과 경험에 맞게 수정, 출판되었다.

혁명의 자기표현: 혁명 축제

혁명 축제는 정치적, 선전적으로 특별한 의미를 지닌 다매체적 행사였다. 혁명 축제는 루소의 권고를 상기시키며 새로운 질서를 결합하고 새로운 사회를 정당화하기 위해 감정적 유대를 형성하는 역할을 했다. 혁명 축제의 의례와 매체 활용 방식은 다양한 전통을 융합하고 재해석한 결과였다. 축제에서는 그림과 의식儀式이 중요한 역할을 했다. 기존의 상징과 관습을 재해석하고 변형하여 혁명의 정신을 반영하는 형태로 활용했다. 혁명 축제는 종교적 의식과 전례 형식을 참조하면서도 점차 세속화를 지향해 종교와 교회로부터 의도적으로 거리를 두고자 했다. 하지만 이러한 세속화와 탈기독교화 자체도 종교적 형식과 의식을 차용하는 방식으로 진행되었다. 새로운 정치적 기풍과 통합의 중심 요소였던 헌법에 대한 선서는 전통적 기독교의 형식 언어를 따랐으며, 제단과 상징적 인물상을 갖춘 교회의 행렬은 혁명 행진의 모델이었다. 이러한 경향은 특히 1792년 8월 10일 이후 더욱 두드러졌다.

　최초의 혁명 축제들은 자발적이었다. 이 축제들은 전근대적 민중 문화의 전통 속에서 축제와 반란 사이에 자리하고 있었다. 그 성격은 세관 장벽과 세관 건물의 철거에서도 드러났다. 이들 건물 중 일부는 르두와 불레 같은 신고전주의 건축가들이 설계한 것이었는데, 이후 미술사에서 '혁명 건축'으로 평가받았다. 이와 같은 흐름은 1789년 여름 첫 코뮌 혁명 축제들에서도 마찬가지였다. 그해 8월에는 바스티유의 승자들을 기리는 축제가 열렸는데, 이는 깃발의 봉헌식과 결합한 축제였다. 1년 후, 파리와 유럽은 1789년 7월 14일을 기념하는 최초의 장대한 혁명 축제를 체험했다. 이 축제는 각 데파르트망의 대표들이 참여하면서 국가 통합의 축제이자 연합국가의 창립제가 되었다. 혁명 축제의 의례와 형식 언어는 국가 통합이라는 정치적 목표에 부합하도록 종합적이고 조화롭게 구성되었다. 모든 신분의 대표들이 참여했으며 종교적, 군주제적 요소들은 새로운 정치적 의미를 부여받았다. 조국의 제단, 국민주권에 대한 선서, 시민 사회의 상징으로 자리 잡은 삼색휘장으로 장식된 축제 의상 등이 그 대표적 예다. 여기에 시민 질서를 보장하는 국민방위대와 훗날 상퀼로트의 표식이 될 파이크 창으로 무장한 시민이 함께했다. 곧이어 삼색기가 국가의 상징으로 추가되었다. 1789년 말 파리 살롱에 처음 등장한, 프리기아 모자를 쓴 자유의 여신도 혁명의 중요한 도상으로 자리 잡았다. 1792년부터는 평등과 민중을 상징하는 우의적 형상이 추가되는데, 이는 종종 헤라클레스의 모습을 하고 있었다. 젊은 공화국은 축제 프로그램을 자체 개발하기도 했다. 그 도상적 형식과 연출은 자크 루이 다비드가 고안했다. 그의 연출은 우의적, 상징적 의미가 매우 강하여 별도의 해설 없이는 이해하기 어려웠다. 따라서 이들 프로그램은 사전에 국민공회에 제출해 승인받아야 했다. 한편 혁명 축제 연출의 주요 특징은 전통의 전유와 혁명적 재해석이었다. 여기에는 자체적 상징 언어를 지닌 도시 지형도 포함되었다.

의도는 명확했다. 축제는 혁명의 자기표현이자 새로운 가치 체계를 드러내는 장이었다. 그 가치 체계는 자유, 국가, 헌법이라는 추상적 원칙에 의해 규정되었는데, 이는 감각적으로 경험하고 소통할 수 있어야 했다. 혁명이 관철되면서 이제 막 형성된 전통을 확립하고 기억해야 할 필요성이 커졌다. 이에 따라 혁명은 축제 달력을 마련하여 특별한 규범과 혁명의 주요 사건을 기념하도록 했다. 하지만 정치체제가 변하고 혁명사의 핵심 사건이 새롭게 해석되면서 축제의 방식과 기능도 변했다. 다만 7월 14일 기념제만큼은 언제나 핵심 행사로 남아야 했다. 이에 반해 1792년 8월 10일의 통합과 형제애의 축제는 1794년 6월 8일 최고 존재의 축제와 마찬가지로 총재정부(1794~1795년 테러가 끝난 후의 새로운 정부 형태) 시기에 사라졌다. 총재정부 시기에는 혁명적 의제를 담은 축제 달력이 폐기되거나 재해석되었고, 1792년 폭력 사태를 떠올리게 하는 7월 14일 연맹제는 자유의 축제로 변경되었다. 이러한 공식 행사와 기념식은 정치적으로 테르미도르의 반동 이후 체제가 달성하려 했던 목표, 즉 혁명의 기억을 지우고 혁명을 종식하려는 시도를 시각적으로 표현하는 것이었다. 그러나 현실 정치에서 이러한 노력은 상당한 어려움과 실패를 겪었다.

8. 혁명이 끝나다 (1785~1799년)

1794년 테르미도르 9일에 로베스피에르가 실각한 사건은 정치적 급진화와 폭력의 긴 국면이 끝났다는 신호로 받아들여졌고 대체로 환영받았다. 테르미도르 9일의 사건을 기점으로 혁명적 급진화 과정은 내부 동력을 상실했다. 혁명적 수사학과 정치권력 사이의 대립은 결국 후자의 승리로 귀결되었다. 이제 혁명은 온건하고 자유주의적인 헌정 혁명의 노선으로 회귀했다. 당시 변화의 흐름을 설명하는 데 자주 사용된 정치적 용어가 반동이다. 그러나 이 개념을 당대 사전에서 정의한 대로 복수를 시도하고 망각하지 않으려는 태도로만 이해한다면, 그 과정을 제대로 기술하기 어렵다.

정권이 끝나고 이틀 만에 이미, 방금 지나간 시기를 규정하는 용어로 테러가 등장했다. 테르미도르는 결국 가까운 시일 내에 혁명이 끝날 것임을 암시하기도 했다.

정치적 단절과 각성이 헌정 질서 안정화의 시도를 위한 좋은 전제를 가져다주었기 때문이다. 물론 이는 당시 주요 행위자들의 정치적 역학관계와 정치적, 사회적 이해관계에 따라 다음 두 가지 조건하에서만 가능했다. 첫째, 공화국은 유지되어야 했다. 둘째, 공화국 내 불안정을 초래하는 요소(자코뱅파와 상퀼로트)는 억압되어야 했다. 브리소 지지자는 자유를 유럽의 독재자들로부터 방어하고 민족을 해방하기 위한 전쟁을 주장했다. 그러나 이제 이러한 논리는 위대한 국민Grande Nation의 이름으로 치러지는 정복 전쟁으로 전환되어야 했다.

망각의 정치와 그 좌초

테러 시대를 살아남은 정치인들은 망각과 새로운 출발이라는 정치를 통해 테러에 대한 모든 책임에서 벗어나려 했다. 이들은 혁명위원회의 권한을 축소하는 대신 의회의 권위를 회복하는 것을 목표로 삼았다. 이를 위해 국민공회에서 축출했던 지롱드파 의원들을 다시 받아들이는 방안이 추진되었다. 선거는 새 헌법이 채택된 이후에야 실시할 예정이었다. 새로운 공안위원회는 이제 전쟁과 외교 문제만 담당했다. 다른 위원회들은 해체되었고 혁명재판소의 권한도 대폭 축소되었다. 반대로 테러의 주도자들은 체포되어 법정에 세워졌다. 마지막으로 정치적 안정을 위해 자코뱅클럽과 구역들의 폐쇄가 이루어졌다.

새로운 헌법은 의회와 그 위원회가 초래한 문제를 해결하려 했다. 이를 위해 양원제를 도입하여 권력균형을 조정하는 장치를 마련하고, 행정부는 의회로부터 분리하여 5인으로 구성된 총재에게 넘겼다. 테르미도르파가 원한 것은 군주정의 복원이 아니라 온건한 공화국의 수립이었다. 이들이 거부한 것은 급진적 민주주의, 즉 중간 권력 없이 직접 행사되는 인민의 지배였다. 이것이 바로 프랑스혁명의 주요 이론가 중 한 명이었던 시에예스가 1792년부터 1794년까지의 경험을 통해 깨달은 바다. 이러한 경험은 그가 테르미도르 체제와 총재정부의 이론적 초석을 놓는 데 결정적 역할을 했다.

선언적 주장과 안정화 정책의 실행 사이에 놓인 틈은 몇 해가 지나도 좁혀지지 않고 오히려 점점 더 벌어졌다. 여기에는 몇 가지 이유가 있었다. 우선 도시의 민중운동과 자코뱅파를 간단히 축출할 수 없었다. 반反자코뱅 정책을 추진하던 정부는 클럽과 구역을 탄압하는 과정에서 일부 테러 시대의 방식을 다시 사용했고, 이는 새로운 봉기와 그라쿠스 바뵈프가 주도한 평등파 음모를 촉발했다. 둘째, 새 헌법은 지난 몇 년간의 기억과 부르주아 질서의 안정화에 대한 기대를 제도적, 정치적으로 조화시키는 데 실패했다. 셋째, 왕당파 세력이 등장하여 봉기와 음모를 통해 불안정한 헌법적 타협을 위협했다.

반자코뱅 정부의 압박에 직면한 혁명 클럽들과 파리 구역들은 로베스피에르의 실각으로 인한 혼란에서 벗어나자 다시금 자신들의 검증된 선전과 결집 기술을 동원했다. 이들은 팸플릿을 배포하고 불법 집회를 조직하고 국민공회에 항의 서한을 보냈다. 이러한 실망과 불만이 지속하는 가운데 심각한 물자 부족 위기는 두 차례의 새로운 민중 봉기로 이어졌다. 혁명력 3년에 발생한 제르미날과 프레리알의 봉기가 그것이다. 우선 제르미날 봉기는 1795년 4월 1일, 상퀼로트가 파리 외곽 지역에서 국민공회 방향으로 행진하면서 시작되었다. 그러나 이들은 정부군에 의해 곧 진압되었다. 프레리알 봉기는 1795년 5월 20일과 23일에 있었다. 이미 관례가 된 이 두 번째 봉기는 훨씬 조직적이고 강력했다. 약 2만 명의 무장한 상퀼로트가 국민공회를 둘러싸고 경제와 정치의 강령을 요구했다. 이 강령은 자코뱅 시기의 빵을 달라는 요구를 계승하는 한편, 1793년 헌법의 시행을 촉구하며 공안위원회의 기억과 무관하게 고유한 전통을 세우려 한 것이었다. 그 이후 1793년 헌법은 좌파와 신자코뱅 정치의 결정적 상징이 되었다.

군사력으로 진압된 프레리알 봉기는 기대와 달리 정치적 전환점을 마련하지 못했다. 오히려 민중운동을 다시금 활성화하고 새로운 클럽들의 결성을 촉진했다. 일부 클럽은 지하에서 활동했는데 그중 주목할 만한 조직은 사회혁명가 그라쿠스 바뵈프가 이끄는 비밀결사였다. 바뵈프는 혁명기에 급진적 관찰자이자 하위 활동가로 머물렀으나 이제 흩어진 자코뱅파를 규합하여 '비밀공안부'를 조직했다. 그는 급진적 민주주의와 사회적 평등을 내세운 초기 사회주의적 강령을 개발했으며 지하 군사 조직을 준비하여 혁명정부를 수립하려 했다. 바뵈프의 계획은 혁명의 전위로서 독재적 권력을 가진 임시 혁명정부를 구성하고 이를 통해 평등 사회를 건설하는 것이었다. 그러나 바뵈프의 평등파 음모는 발각되었고 바뵈프와 공모자들은 1796년 5월 10일에 체포되었다.

재판은 보안상의 이유로 루아르에셰르 데파르트망의 방돔에서 열렸다. 총재정부는 경계 태세와 질서유지 능력을 과시하고자 장기간의 공개재판을 진행했다. 3개월 동안의 여론 조작용 공개재판 끝에 음모자들은 결국 처형되었다.

1795년 8월 22일에 의결된 헌법은 무엇보다도 권력분립을 원칙으로 삼았고 양원제를 도입했다. 하지만 원을 구성하는 기준은 영국 헌법 사상의 영향을 받은 것도, 재산 기준에 따라 구분하려는 것도 아니었다. 250명으로 구성된 '원로원'의 의원은 40세 이상으로, 기혼자이거나 배우자와 사별한 사람이어야 했다. 또한 500인회가 있었는데 그 구성원은 30세 이상이어야 했다. 이러한 연령과 결혼 여부 기준에는 나이가 많고 결혼한 사람이 더 신중한 정치적 판단을 내릴 것이라는 전제가 깔려 있었다. 거기에 급격한 정치 변화의 위험을 방지하기 위해 각 원 구성원 중 3분의 1을 매년 교체하는 방식이 도입되었다. 행정권은 다섯 명으로 이뤄진 총재정부의 수중에 있게 되었고 그 구성원은 양원에서 선출되었다. 그러나 실제로는 선거 결과에 따른 잦은 변동으로 헌법은 이미 현저히 약화되었다. 때로는 보수파가, 때로는 좌파가 다수를 차지하는 등 정치적 균형이 흔들렸다. 여기에 총재들이 선거를 조작하는 일까지 벌어지면서 선거에 대한 신뢰도는 크게 손상되었다.

구원과 보존

모든 것은 대의제 기관이 정상적으로 기능하는 공화국을 수립하려는 시도에 초점이 맞춰졌다.

하지만 곧 드러났듯 헌정 질서는 정치 운동과 권력 집단의 의지를 무시한 채 확립될 수도, 혁명의 기억을 배제한 채 형성될 수도 없다는 것이 분명해졌다.

부르주아 중도파, 자코뱅파의 후예들, 군주제를 지향하는 보수파 사이의 권력투쟁은 사회적 위기와 전쟁이 지속하는 상황에서 더 격화했으며 아직 다원주의와 타협의 사상으로 향하지 않았던 헌정 체제에 흡수될 수도 없었다.

결국 서로 대립하는 세력들은 화해할 수 없을 정도로 충돌했다. 테러 시대의 두려움에서 벗어난 청년 시민들은 황금청춘jeunesse dorée(테르미도르의 반동 시기 반로베스피에르파에 가담한 부호의 자제들을 가리킨다-옮긴이)이라 불리며 자코뱅 시기의 금욕주의에 대한 반동으로 화려한 옷차

림과 도발적인 태도를 통해 자신들을 드러냈다. 하지만 이들의 변화는 단지 생활 방식에만 그치지 않았다. 이들은 상퀼로트와 과거 '테러리스트'들을 '사냥'하는 데 적극적으로 앞장섰다. 일상은 자코뱅파와, 재빨리 스스로를 혁명의 적으로 정의한 온건파 사이의 상징적 투쟁으로 점철되었다.

무엇보다 우파를 위한 정치적 자유 공간이 열렸으며, 자코뱅적 제도의 폐지와 종교의식의 재도입은 이러한 흐름을 점차적으로 더욱 강화했다.

곧이어 우파의 정치적 반격으로 총재정부는 곤경에 처했다. 1795년 10월에는 왕당파가 쿠데타를 시도했으나 동요하던 도시 인민대중의 지지가 기대에 미치지 못하면서 실패하고 말았다. 이 과정에서 두각을 나타낸 인물이 바로 젊은 장교 나폴레옹 보나파르트다. 나폴레옹은 얼마 전까지만 해도 직책이 없었으나 반란군을 향해 대포를 발사하라는 강경한 진압을 지시하며 과감한 내전 지휘관으로서 두각을 나타냈다.

위협적인 우경화를 방지하기 위해 총재들은 1797년 9월 4일, 스스로 쿠데타를 일으켜 의원 53명과 총재 두 명을 추방했다. 이는 대의제 헌법이 사실상 파산했음을 보여주는 사건이었다. 1799년 6월 18일, 의회가 반격에 나섰으나 아무것도 바꾸지 못했다. 새 선거를 통해 좌파가 다수를 차지한 의회는 보복 조치로 보수 성향 총재 세 명을 해임했다. 서로 적대하는 양 진영 간의 타협은 이제 불가능했고, 혁명을 이런 식으로 마무리하는 일 또한 불가능해졌다.

결국 승리한 혁명 장군 나폴레옹 보나파르트가 테르미도르파 지도자인 시에예스를 비롯한 인물들의 지원을 받아 브뤼메르 18일(1799년 11월 9일)에 쿠데타를 일으켜 총재정부를 무너뜨리고 스스로 그 후계자로 나섰다. 12월 15일의 선언에서 그는 자신의 권위적 통치의 목표를 천명했다. 즉 혁명을 종식하되 그 성과를 유지하는 것이었다. "시민 여러분, 혁명은 그것이 출발한 원칙에 단단히 뿌리내리고 있습니다. 혁명은 끝났습니다." 나폴레옹은 밖으로는 혁명과 자신을 동일시했고 다른 한편으로 군사적 영웅이자 카리스마적 구원자의 외피를 둘렀기에 중도적 경로를 모색하는 듯 보였다. 하지만 이 길은 나폴레옹의 개인적 야망과 전쟁의 지속으로 인해 곧 포기되었다. 나폴레옹은 1789년 혁명의 유산을 일부만, 특히 법 앞에 평등과 사유재산권을 포함한 부르주아적 성취를 보존했다. 나폴레옹은 이미 총재정부에서 예고했던 바와 같이 정치적, 참여적 요소를 포기하고 정치적 자유와 발언권을 국민투표에 기반한 유사 의회주의로 대체했다. 그는 특히 자코뱅파가 강화했던 행정의 중앙화를 완성하고 이를 경찰국가로 발전시키는 길을 열었다. 그는 또한 '위대한 조국'이라는 국가의 자기 기술을 더욱 공고히 하고 이를 총재정부에서도 예고되었던 군사적, 제국적 특질을 확장했다. 이로써 프랑스혁명의 헌정사는 또 하나의 변형과 경험, 즉 카이사르-보나파르트적 변형을 통해 확장되었다. 하지만 이는 혁명적 요소와 군주제적 요소, 내적 안정과 무제한적 군사 팽창이 모순적으로 결합된 것이었기에 결국 실패할 수밖에 없었다. 프랑스혁명의 시대는 나폴레옹 제국의 몰락과 그에 이은 부르봉 왕가의 복고, 즉 루이 18세와 샤를 10세(루이 16세의 동생들)의 즉위로 아직 끝난 게 아니었다. 그 시대는 1830년, 1848년, 1871년의 혁명을 거치며 19세기 내내 이어졌고, 마침내 제3공화국에 이르러 정치와 사회 사이에 균형이 이루어졌다. 이제야 비로소 1789년 혁명이 촉발하고 준비했던 경제와 사회의 변화가 완전히 자리 잡기 시작했다. 하지만 1789년 혁명이 이미 오래전부터 동시대인들의 의식 속에서 '대'혁명으로 자리 잡았던 이유는 무엇보다도 단기적으로 강력한 영향을 미쳤고, 이후에도 지속해서 작용한 정치 문화의 변화 때문이었다. 바로 이러한 변화가 새로운 시대를 열어젖힌 것이다.

연표

1787년
2월 22일 베르사유에서 명사회 개최
6월~8월 파리 고등법원, 왕실 개혁안 등록 거부

1788년
7월 21일 비질에서 혁명 전 신분회 개최
8월 8일 전국신분회(1789년 5월 1일) 소집 결정
8월 26일 네케르를 재무총감에 임명
12월 27일 추밀원에서 제3신분 대표자 수를 두 배로 늘리기로 결정

1789년
1월 시에예스 《제3신분이란 무엇인가》 출간
1월 24일 전국신분회 선거 시작
2월~5월 빵 폭동. 진정서 초안 작성
4월 28일 파리 레베용에서 봉기 발발
5월 5일 베르사유에서 전국신분회 개최
6월 17일 제3신분 '국민의회' 선언
6월 20일 테니스 코트의 맹세
6월 27일 왕령에 따라 귀족과 성직자들이 국민의회에 합류

7월 9일 국민의회가 자신을 제헌의회로 선언
7월 14일 바스티유 습격
7월 15일 바이가 파리 시장, 라파예트가 국민방위대 사령관이 됨
7월 20일 농촌 대공포
7월~8월 도시 혁명
8월 4일 봉건적 권리와 특권 폐지
8월 26일 '인간과 시민의 권리선언' 작성
10월 5일~6일 여성들 베르사유로 행진. 궁정과 국민의회 파리로 옮김
11월 2일 교회 재산의 국유화
12월 19일 아시냐 발행
12월 22일 프랑스 83개 데파르트망으로 나누어짐

1790년
2월 13일 수도원 폐지
4월 27일 코르들리에클럽 창립
6월 19일 귀족제 폐지
7월 12일 성직자 기본법 채택
7월 14일 연맹제 개최
8월 16일 봉건 재판소 폐지
9월 6일 국민의회 해산
9월 27일 성직자들의 헌법에 대한 맹세

1791년
3월 2일 길드와 조합의 폐지
4월 2일 미라보 사망
6월 14일 노동자 결사와 파업을 금지하는 르 샤플리에 법 통과
6월 20일~21일 왕가의 탈출 시도 바렌에서 실패

7월 프로방스 백작 망명

7월 16일 자코뱅클럽 분열. 푀양클럽 창립

7월 17일 샹드마르스의 반군주정 시위를 국민방위대가 유혈 진압

8월 27일 오스트리아-프로이센의 필니츠선언

9월 3일 헌법 공포

9월 12일 아비뇽을 프랑스에 합병

9월 14일 왕의 헌법에 대한 맹세

10월 1일 입법의회 개회

10월 20일 브리소가 전쟁을 선전함

1792년

1월~3월 물자 공급난과 가격 상승으로 파리와 농촌에서 소요

3월 15일 지롱드파 장관을 임명

4월 20일 오스트리아에 선전포고

4월 25일 단두대 최초 사용

5월 북부 국경에서 프랑스군 패배

6월 12일 지롱드파 장관을 해임

6월 20일 튈르리궁의 왕에 대한 대중 시위

7월 11일 국가 비상사태 선포

7월 25일 브라운슈바이크 공작의 선언

8월 10일 튈르리궁 습격. 왕권 정지. 왕가 탕플 유폐

8월 11일 임시 집행위원회 구성. 당통을 법무장관에 임명. 국민공회 소집

9월 2일~6일 9월 대학살

9월 20일 의회 해산. 발미 전투

9월 21일 국민공회 개회. 왕정 폐지. 하나의 불가분한 공화국 선언

9월 22일 공화국 원년 시작

9월 27일 사보이에서 혁명 군대 승리

10월 10일 브리소 자코뱅클럽에서 제명
10월 21일 마인츠 점령
11월 6일 벨기에 제마프에서 프랑스군 승리
12월 11일 루이 16세에 대한 재판 시작

1793년
1월 21일 루이 16세 처형
2월 1일 영국과 네덜란드에 선전포고
2월 24일 30만 의용병 모병에 관한 법령 제정
2월 25일~26일 파리 상점 습격 사태
3월 10일 파리 혁명재판소 설치
3월 11일 방데에서 반혁명 봉기 시작
3월 18일 벨기에에서 프랑스군 패배
4월 6일 공안위원회 구성
5월 4일 '곡물최고가격제'에 관한 법령 제정
5월 10일 혁명공화파 여성시민협회 창립
5월 31일~6월 2일 파리 상퀼로트 봉기. 지롱드파 지도적 인물들 체포
6월 25일 자크 루 국민공회에서 '앙라제 선언' 낭독
7월 연방주 반란 시작
7월 10일 당통 공안위원회에서 사퇴
7월 13일 샤를로트 코르데가 마라 암살
7월 17일 모든 봉건적, 영주적 권한의 무상 폐지
7월 27일 로베스피에르 공안위원회 위원으로 선출
8월 10일 공화국 헌법 공포
8월 23일 미혼 남성의 병역 의무 도입
8월 25일 국민공회의 군대 마르세유 점령
8월 27일 영국군 툴롱 점령

9월 4일~5일 상퀼로트 국민공회 봉기 시도
9월 17일 혐의자법 제정
9월 29일 '일반최고가격제' 도입
10월 5일 공화력 도입
10월 9일 국민공회의 군대 리옹 정복
10월 10일 '혁명정부' 구성
10월 16일 와티니에서 오스트리아군에 승리. 마리 앙투아네트 처형
10월 30일 여성 클럽 금지
10월 31일 지롱드파 의원 처형
11월 10일 노트르담에서 '자유와 이성의 축제' 거행
12월 23일 방데에서 반란군에 승리. 낭트에서 대량 처형

1794년
2월 4일 식민지에서 노예제도 폐지
3월 24일 에베르와 지지자들 처형
4월 5일 당통과 지지자들 처형
5월 20일~23일 콜로 데르부아와 로베스피에르에 대한 암살 시도
6월 8일 '최고 존재의 제전' 거행
6월 10일 대공포 시작
6월 26일 벨기에 플뢰뤼스에서 오스트리아군에 대해 혁명군 승리
7월 27일~28일 로베스피에르와 그 지지자 실각과 처형. 테르미도르파 통치의 시작
9월~10월 라인란트 점령. 프랑스 전역에서 자코뱅파와 상퀼로트에 대한 '백색 테러' 시작
11월 22일 자코뱅클럽 폐쇄
12월 8일 지롱드파 국민공회 복귀
12월 24일 최고가격제 폐지

1795년

1월 네덜란드 점령
4월 1일 상퀼로트 '빵과 1793년 헌법'을 위해 봉기
4월 5일 프로이센과 바젤 평화조약 체결
5월 16일 바타비아공화국(네덜란드) 건국
5월 20일~23일 파리 상퀼로트의 프레리알 봉기
5월 31일 혁명재판소 폐지
9월 23일 총재정부헌법 공포
10월 5일 파리 왕당파 방데미에르 봉기를 나폴레옹 보나파르트가 진압
10월 26일 국민공회 해산
10월 31일 초대 총재정부 구성
11월 16일 자코뱅적, 바뵈프주의적 팡테옹클럽 창립

1796년

2월 19일 아시냐 폐지
3월~4월 보나파르트 이탈리아 북부 원정에서 승리
5월 10일 바뵈프와 지지자들 체포
10월 16일 이탈리아에서 치스파다나공화국 선포

1797년

2월 4일 지폐 폐기, 경화 복귀

3월~4월 선거에서 보수 세력과 반혁명 세력이 승리

5월 27일 바뵈프의 처형

6월 6일 리구레공화국 건국

9월 4일 총재정부의 프뤽티도르 쿠데타

10월 17일 오스트리아와 캄포포르미오 평화조약 체결

1798년

2월 9일 헬베티아공화국 건국

4월~5월 500인회 선거와 좌파 의석의 무효화

5월 19일 보나파르트 이집트 원정

10월 15일 샹드마르스에서 제1회 전국 산업 박람회

11월 16일 제2차 대프랑스 동맹 결성

1799년

1월 23일 파르테노페아공화국(나폴리) 건국

3월 신자코뱅파 선거에서 승리

4월 27일 오스트리아군 밀라노 점령. 치살피나공화국 해체

6월 18일 총재정부에 대한 500인회 쿠데타

7월 로마공화국과 파르테노페아공화국 해체

10월 8일 보나파르트 귀환

11월 9일~10일 보나파르트 브뤼메르 쿠데타. 총재정부 해산

12월 15일 집정정부 헌법 선포. 나폴레옹 보나파르트 제1집정으로 취임

참고문헌

프랑스혁명의 역사는 오랫동안 국제적 연구의 대상이었으며 특히 프랑스 연구에 뚜렷이 중점이 추어져 있다. Ronald Caldwell의 The Era of French Revolution은 프랑스혁명에 관한 최신의 문헌 목록을 담고 있다.

A Bibliography of the History of Western Civilisation 1789~1799, New York/London 1985는 프랑스에 관해서만 3만 4588개의 타이틀을 수록하고 있으며 여기에 다른 유럽 국가들의 서술에 관한 7831개의 추가 항목이 보완되어 있다. 1989년 프랑스혁명 200주년 기념제를 맞아 또 다른 출판물들이 쏟아져 나왔으며, 이는 현재 Antoine de Baecque/Michel Vovelle (Hg.), Recherches sur la Révolution. Un bilan des travaux scientifiques du Bicentenaire, Paris 1991에 서지적 목록으로 정리되어 있다.

독일의 혁명 연구 역시 연구 현황에 대한 보고서를 내놓았다. 다음의 글들을 참조하라. Katharina und Matthias Middell (Hg.), 200. Jahrestag der Französischen Revolution. Kritische Bilanz der Forschungen zum Bicentenaire, Leipzig 1992; Wolfgang Schmale, Das Bicentenaire. Ein Forschungsbericht. 2 Teile. In: Historisches Jahrbuch 113 (1993), S. 447~481; 114 (1994), S. 135~174. 매 시기 학문적 논의의 최신 동향에 대한 정보는 무엇보다도 Annales historiques de la Révolution Française 같은 학술지가 제공해준다. 가장 최근의 연구로는 다음을 참조하라. Suzanne Desan, What's after

Political Culture? Recent French Revolutionary Historiography, in: French Historical Studies 23 (2000), S. 163~196; Erich Pelzer (Hg.): Revolution und Klio. Die Hauptwerke zur Französischen Revolution, Göttingen 2004.

아직 조망하기 어려운 최근의 문헌들에서는 주로 독일어로 접근 가능하며 최근의 연구 상황에서 중요한 의미를 지닌 저작들이 선택되어야 할 것이다. 물론 고전적 작업에 속하거나 최신 연구 성과를 정리한 개관적 서술들도 언급될 것이다.

가장 중요한 문헌은 Albert Soboul (Hg.), Dictionnaire historique de la Révolution française, Paris 1989 그리고 역사 에세이 형태로 쓰인 François Furet/Mona Ozouf (Hg.), Kritisches Wörterbuch der Französischen Revolution, Frankfurt/Main 1996이다. 정치적, 사회적, 경제적 데이터에 관한 세밀하고 시각적으로 설득력 있는 정보는 다음의 문헌이 제공한다. Atlas de la Révolution française, hg. von Serge Bonin/Claude Langlois, 10 Bde., Paris 1987~1997. 이와 함께 1980년대의 다양한 학술 대회 논문집들은 당시 연구의 최신 동향에 대한 개관을 제공한다. Keith Baker/Colin Lucas/François Furet/Mona Ozouf (Hg.), The French Revolution and the Creation of Modern Political Culture, 4Bde. Oxford 1987~1994; Reinhart Koselleck/Rolf Reichardt (Hg.), Die Französische Revolution als Bruch des gesellschaftlichen Bewusstseins, München 1988; Suzanne Desan/Lynn Hunt/William M. Nelson (Hg.): The French Revolution in Global Perspective, Ithaca (NY) 2013; Natalie Scholz/Christina Schröer (Hg.): Représentation et pouvoir. La politique symbolique en France (1789~1830), Rennes 2007, Michel Biard (Hg.): La Révolution française. Une histoire toujours vivante, Paris 2010.

프랑스혁명에 대한 역사 서술의 역사에서는 19세기 초반이래로 혁명에 대한 지식과 해석의 각 상태를 반영하는 방대한 총서들이 등장해왔다. 이러한 저작들은 종종 여러 권으로 구성되어 있으며 특히 프랑스 정치 문화 안에서 정치적 입장과 긴밀하게 관계된다. 20년 전 프랑수아 퓌레는 혁명사를 다양한 정치적 해석 문화로부터 분리해야 한다고 강하게 정치적으로 요구하며 대신 혁명의 역사화를 촉구했다. François Furet, 1789–Vom Ereignis zum Gegenstand der Geschichtswissenschaft, Frankfurt/Berlin/Wien 1980. 마르크스주의 입장에서 작성된 마지막 강력한 총체적 서술은 알베르 소불의 저작이다. Albert Soboul, Die Große Französische Revolution, Frankfurt/Main 1973, 5. Aufl. 1988. 알베르 소불의 이러한 신자코뱅적 해석에 대한 수정은 이후의 연구에 매우 큰 영향을 미쳤는데 이는 다음의 저작에서 비롯되었다. François Furet/Denis Richet, Die Französische Revolution, Frankfurt/Main 1968. 윌리엄 도일의 철저하고 신뢰할 만한 총체적 서술은 마르크스주의의 입장과 명확히 구별되는 가운데 정치사적 접근법을 강조한다. William Doyle, The Oxford History of the French Revolution, Oxford 1989. 방대한 자료에 기반하여 혁명의 근대적 정치 사상사에 초점을 맞춘 최근의 연구로는 다음을 참조하라. Jonathan Israel, Die Französische Revolution. Ideen machen Politik, Ditzingen 2017. 미셸 보벨의 저작은 사회사적, 망탈리테사적 문제 제기에 의해 인도된 간결한 개관적 서술이다. Michel Vovelle, Die Französische Revolution. Soziale Bewegung und Umbruch der Mentalitäten, Frankfurt/Main 1985. 이 저술은 프랑스혁명을 주로 망탈리테와 정치 문화에서의 격변으로 보는 현재의 연구 상태로의 이행을 나타낸다. 혁명의 정치 문화사에 뚜렷이 초점을 맞추었으며 프로뱅스에서 일어난 사건들 역시 매우 강조한 최고의 독일어 서술은 Rolf Reichardt, Das Blut der Freiheit. Französische Revolution und demokratische Kultur, Frankfurt/Main 1998이다. 그리고 Ernst Schulin, Die Französische Revolution München 1988, 5. Aufl. 2013은 유사한 입장이지만 보다 일반적인 개관적 서술을 지향했다. 체계적이고 비非사건사적으로 구상된 Rolf Reichardt (Hg.), Ploetz, Die Französische Revolution, Würzburg 1988은 근본적이고 신뢰할 만한 정보를 제공한다고 간주된다. 게다가 이 논문집은 그림 사료를 분석에 일관되게 포함시킨 점이 특징이다. Peter McPhee, The French Revolution 1789~1799, Oxford 2002는 현재의 연구 상태를 반영하며 혁명의 정치사, 경제사, 문화사의 측면을 균형 있게 고찰하는 간결한 서술을 제공한다. Annie Jourdan, La Révolution, une exception française?, Paris 2004에서는 순수한 프랑스적 시각에서의 이탈이 그리고 정치사와 문화사에 대한 동시적 조망이 나타난다. 주르당이 추구한 것처럼 혁명 양식과 개혁 양식 사이에서 진동하는 변화 과정의 비교 관찰에 프랑스혁명을 착근시키는 접근법은 이미 다음의 논문집에서 찾을 수 있다. Helmut Berding/Etienne François/Hans-Peter Ullmann (Hg.), Deutschland und Frankreich im Zeitalter der Französischen Revolution, Frankfurt/Main 1989.

혁명의 개별 측면을 다룬 최근의 수많은 연구서 중에서는 지면상의 제약으로 다양한 측면에 대해 소수의 제목만 언급할 수 있다. 앞서 소개된 개관적 서술들에서 더 많은 참고문헌을 찾아볼 수 있다. 혁명의 원인과 전사前史에 대해서는 William Doyle, The Origins of the French Revolution, Oxford 1980을, 1789년 7월 14일 사건과 그 의미에 대해서는 Winfried Schulze, Der 14. Juli 1789. Biographie eines Tages, (Stuttgart 1989)을 참조하라. 정치 클럽의 역사에 대해서는 다음의 저작들을 참조하라. Michael Kennedy, The Jacobin Club in the French Revolution. The First Years, Princeton 1982; M. J. Sydenham, The Girondins; G. Kates, The cercle social, the Girondins, and the French Revolution, Princeton 1985. 국민의회 의원들의 기원과 정책에 대해서는 Timothy Tackett, Becoming a Revolutionary: The Deputies of the French National Assembly and the Emergence of a Revolutionary Culture (1789~1790), Princeton 1996을 참조하라. 정치적 문화 연구로의 돌파구를 마련한 저작은 Mona Ozouf, La fête révolutionnaire 1789~1799, Paris 1976이며 그 최초의 종합은 Lynn Hunt, Symbole der Macht, Macht der Symbole. Die Französische Revolution und der Entwurf einer politischen Kultur, Frankfurt/Main 1989이다. 제1공화국(1792~1799)의 상징 정치에 대해서는 Christina Schröer, Republik im Experiment. Symbolische Politik im revolutionären Frankreich (1792~1799), Köln/Weimar/Wien 2014를 참조하라. 혁명의 상징과 그림의 역사를 다룬 모범적 사례는 다음 저작들이다. Hans-Jürgen Lüsebrink/Rolf Reichardt, Die «Bastille». Zur Symbolgeschichte von Herrschaft und Freiheit, Frankfurt/Main 1990; Klaus Herding/Rolf Reichardt, Die

Symbolik der Französischen Revolution in ihrer Bildpublizistik, Frankfurt/Main 1989. 그리고 혁명 시대 유럽 그림의 역사에 대해 방법적으로 방향을 제시한 포괄적 편람便覽인 Rolf Reichardt unter Mitarbeit von Wolfgang Cilleßen, Jasmin Hähn, Moritz F. Jäger, Martin Miersch & Fabian Stein (Hg.), Lexikon der Revolutions-Ikonographie in der europäischen Druckgraphik (1789~1889), 3. Bde., Münster 2017이 있다. 단두대의 상징적 의미와 그 의식 형성력은 Daniel Arasse, Die Guillotine. Die Macht der Maschine und das Schauspiel der Gerechtigkeit, Reinbek 1988이 다루었다. 대중운동의 역사에 대해서는 George Rudé, Die Massen in der Französischen Revolution, München 1961 그리고 Albert Soboul, Französische Revolution und Volksbewegung. Die Sansculotten, Frankfurt/Main 1978이 여전히 타의 추종을 불허한다. 테러를 둘러싼 논쟁에서는 Patrice Gueniffey, La politique de la Terreur, Paris 2000이 중재적 입장을 제공했다. 그사이 혁명의 지역사에 관해 많은 연구가 출간되어 있는데 예컨대 다음과 같은 저작들이다. Gail Bossenga, The Politics of Privilege: Old Regime and Revolution in Lille, Cambridge 1991; William Edmonds, Jacobinism and the Revolt of Lyon 1789~1793, Oxford 1990; Alan Forrest/Peter Jones (Hg.), Reshaping France: Town, Country and Region during the French Revolution, Manchester 1991. 일상적 삶에 대한 혁명의 작용에 관한 개관을 제공하는 저작은 Jean-Paul Bertaud, Alltagsleben während der Französischen Revolution, Würzburg 1989이다. 최근 연구의 중점에는 여성, 가족, 젠더 관계의 역사가 속한다. 그에 관한 개관을 Catherine Marand-Fouquet, La femme au temps de la Révolution, Paris 1989와 Viktoria Schmidt-Linsenhoff (Hg.), Sklavin oder Bürgerin? Französische Revolution und neue Weiblichkeit 1780~1830, Marburg 1989의 카탈로그가 제공한다. 또한 다음을 참조하라. Lynn Hunt (Hg.), Eroticism and the Body Politic, Baltimore/London 1991. 폭력의 역사에 관해서는 Horst Gebhardt, Liberté, Egalité, Brutalité. Gewaltgeschichte der Französischen Revolution, Augsburg 2011을 참조하라. 선거의 역사에 관해서는 Malcom Crook, Elections in the

French Revolution. An Apprenticeship in Democracy, Cambridge 1996을 참조하라. 언론의 역사에 관해서는 Robert Darnton/Daniel Roche (Hg.), Revolution in Print. The Press in France 1775~1800, Berkeley/Los Angeles/London 1989를 참조하라. 혁명과 군국주의의 관계에 관해서는 Wolfgang Kruse, Die Erfindung des modernen Militarismus. Krieg, Militär und bürgerliche Gesellschaft im politischen Diskurs der Französischen Revolution 1789~1799, München 2003을 참조하라.

다음의 개관적 서술은 혁명 정치 출판물의 사료를 바탕으로 하여 급진적인 프랑스 계몽철학 이념이 혁명의 급진화에 대해 결정적 의미를 가진다고 말한다. Jonathan Israel, Die Französische Revolution. Ideen machen Politik. Aus dem Englischen übers. von Ulrich Bossier, Ditzingen 2017. 그리고 Johannes Willms, Tugend und Terror. Geschichte der Französischen Revolution, München 2014는 혁명의 정치사에 관한 총체적 서술이다. 방법적으로는 전통적이며 편하게 읽히는 이 저작은 이상주의적 요구와 테러적 탈선 사이의 긴장 관계를 부각시킨다.

Timothy Tackett, The Glory and the Sorrow. A Parisian and His World in the Age of the French Revolution, Oxford 2021은 한 판사의 경험을 통해 혁명기의 삶을 생생하게 조명한다.

Colin Jones, The Fall of Robespierre. 24 Hours in Revolutionary Paris, Oxford 2021은 로베스피에르의 마지막 시간들과 함께 혁명의 전환점을 세밀하게 재구성한 연구다.

옮긴이의 말

'프랑스혁명', 이 단어는 여전히 내 가슴에 뜨거운 울림을 준다. 어린 시절, 이케다 리요코의 만화 《베르사유의 장미》가 그려낸 바스티유의 포화 속에서 처음 만났을 때부터 그랬다. 대학 시절, 알베르 마티에와 알베르 소불의 글을 읽으며 혁명의 열기에 사로잡혀 그 이념을 좇았던 기억도 여전히 생생하다. 장대한 서사시와도 같은 그들의 혁명사를 읽는 동안 뜨거운 열정의 혁명적 이상과 차가운 현실 세계 사이의 괴리를 느끼며 스스로에게 수많은 질문을 던져보기도 했다. 슈테판 츠바이크의 《마리 앙투아네트》는 또 어떠했던가. 츠바이크가 마치 실오라기를 풀어내듯 섬세하게 묘사한 왕비의 마지막 발걸음은 거대한 혁명의 압축된 무게로 다가와 나의 온몸을 짓누르지 않았던가.

한스울리히 타머의 《프랑스혁명》을 번역하는 동안 내 안에 켜켜이 쌓여온 프랑스혁명의 기억들과 다시 마주했다. 차분하고 냉철한 타머의 분석과 문장들은 프랑스혁명의 사건들을 투명하게 비추어주지만, 그 속에서 혁명의 열기와 그에 얽힌 저마다의 열망을 느끼는 것은 어렵지 않았다. 책은 혁명을 해부하고 독자는 그 안에서 혁명의 열정과 욕망을 발견하는 것인지도 모르겠다.

타머의 《프랑스혁명》은 독일어권에서 널리 읽히는 프랑스혁명에 관한 개론서로서, 그 명료한 서술과 종합적 분석으로 호평받고 있다. 이 책은 복잡다단한 프랑스혁명의 전개 과정을 시종일관 간명한 필치로 풀어내지만 그 바탕에는 독일 역사학 특유의 엄정함이 자리하고 있다. 타머의 글은 지난 시기 동안 정치사, 사회사, 문화사를 오가며 진화해온 프랑스혁명 연구사의 흐름 속에서 '전통적 분석'과 '현대적 시각'의 균형을 잡는다. 타머는 혁명의 정치적 사건들을 명료하게 서술하고 혁명의 사회적 맥락을 설명하는 한편, 혁명의 상징과 의례 등 문화적 요소들을 해설하고 공포정치를 야기한 국내외의 복합적 요인들을 조망한다. 이는 실증에 충실하면서도 서술을 통해 사건의 구조와 맥락을 명확히 보여주는 독일 역사학 특유의 자세를 잘 보여준다.

국내에는 이미 프랑스혁명에 관한 수준 높은 저작들이 소개되어 있다. 하지만 《프랑스혁명》만큼 압축적이면서도 세밀하게 기술된 개론서는 드물 것이다. 이 책은 비교적 짧은 분량에도, 혁명 전야의 사회적 동요부터 나폴레옹의 등장에 이르기까지의 흐름을 응축된 서술로 정밀하게 그려낸다. 따라서 프랑스혁명을 공부하려는 학생들에게는 신뢰할 만한 길잡이가, 일반 독자에게는 혁명의 본질을 이해하는 데 적합한 안내서가 되어줄 것이다.

책에 등장하는 전문용어들을 옮길 때에는 국내 학계의 관행을 존중하며 원어의 의미가 훼손되지 않도록 주의했다. 지금까지 주로 일본어 번역에 따라 '삼부회'로 불려온 '에타 제네로états généraux'는 프랑스어 원어의 의미에 주목한 주명철의 견해를 받아들여 '전국신분회'로 옮겼다.

프랑스혁명은 과거의 어느 순간에 멈춰 선 사건이 아니다. 1789년 7월 14일, 바스티유의 돌벽을 강타했던 그

포성은 역사의 깊은 울림이 되었고 시대를 가로질러 끊임없이 되풀이되는 혁명의 서곡이 되었다. 그날의 함성은 오늘날에도 파리의 거리에서, 우리가 서 있는 서울의 밤거리에서, 세계의 여러 도시에서 메아리치고 있는지 모른다. 자유를 향한 인간의 열망은 시대와 국경을 초월하여 같은 파장으로 진동한다. 모든 시대는 저마다의 바스티유를 가지고 있고 저마다의 포성을 필요로 한다.

  이 책이 대학 도서관에서 또는 커피숍의 테이블 위에서 누군가에게 프랑스혁명의 포성을 들려주는 매체가 되어준다면 번역자에게는 더할 나위 없는 기쁨일 것이다. 이 책이 독자들에게 프랑스혁명을 들여다보는 창문이 되길 희망한다.

나종석

찾아보기

ㄱ~ㄷ

가데, 마르그리트 엘리 Guadet, Marguerite Élie 79
계급투쟁 11
계몽주의 23~27, 51, 56, 71, 82, 90, 121
공안위원회 108, 111~113, 118~120, 123~125, 127, 155, 158
관직 매입 23
교회 재산 62, 100
국민공회 87~90, 92, 94, 95, 98, 99, 101~105, 109, 111~115, 117~120, 122, 124~125, 127, 128, 130, 139, 141, 152, 155, 157, 158
국민방위대 57, 69, 73~75, 86, 88, 101, 109, 118, 152
국민의회 20, 25, 33, 41, 42, 44, 45, 47, 49, 51, 52, 54~60, 63, 64, 67~69, 72, 74~78, 91, 92, 134, 142, 146
국민총동원령 115
귀족 11, 15, 18~24, 27, 36, 37, 42, 43, 45~47, 65, 73, 85, 118, 119,
그레구아르 신부, 앙리 Grégoire, Henri 44
기요탱, 조제프 Guillotin, Joseph 61
나폴레옹 1세, 보나파르트 → 보나파르트, 나폴레옹
네케르, 자크 Necker, Jacques 31, 32, 36, 40, 42, 47, 51
농민 봉기 52
능동 시민 64, 142
다비드, 자크 루이 David, Jacques Louis 126, 152
단두대 96, 97, 123, 128
당통, 조르주 Danton, Georges 72, 87, 93, 99, 111, 123, 124
대공포 52, 53
덕성 121, 122, 126, 128, 129
데물랭, 카미유 Desmoulins, Camille 48, 72, 123

데파르트망 15, 60, 61, 73, 79, 84, 90~92, 99, 100, 110, 116, 120, 151, 159

뒤무리에, 샤를 프랑수아Dumouriez, Charles François 103

뒤포르, 아드리앵Duport, Adrien 68

ㄹ~ㅁ

라메트, 알렉상드르 드Lameth, Alexandre de 68

라콩브, 클레르Lacombe, Claire 107

라파예트 후작, 마리 조제프 폴 이브 로슈 질베르 뒤 모티에Lafayette, Marie Joseph Paul Yves Roch Gilbert Motier 50, 69, 70, 73

레날, 기욤 토마 프랑수아Raynal, Guillaume Thomas François 25

레베용Réveillon 38, 40

로네 후작, 베르나르르네 주르당Launay, Bernard-René Jordan 49

로베스피에르, 막시밀리앙 프랑수아 이시도르 드Robespierre, Maximilien François Isidore de 76, 81, 86~88, 91, 93, 95, 96, 103, 104, 108, 112, 113, 115, 117, 120, 121, 123, 125~128, 130, 154, 157

루소, 장자크Rousseau, Jean-Jacques 25, 148, 150

루이 14세(프랑스 왕) 22, 27, 99

루이 15세(프랑스 왕) 31, 96

루이 16세(프랑스 왕) 31, 42, 45, 47, 63, 71, 83, 86, 94~96, 101, 163

루이 18세(프랑스 왕) 163

루, 자크Roux, Jacques 94, 104, 107, 119

르두, 클로드니콜라Ledoux, Claude-Nicolas 151

르 샤플리에, 이삭르네 기Le Chapelier, Isaac-Renée Guy 66

마라, 장 폴Marat, Jean Paul 72, 74, 87, 93, 103, 104, 111

말루에 남작, 피에르빅토르Malouet, Pierre-Victor 69

망명(자) 50, 73, 82, 94, 98, 115, 119, 135

메르시에, 루이 세바스티앵Mercier, Louis Sébastien 17

명사회 32, 33, 36

모리 신부, 장Maury, Jean 68

모푸, 르네 니콜라 샤를 오귀스탱 드Maupeou, René Nicolas Charles Augustin 31

무니에, 장 조제프Mounier, Jean Joseph 69

미라보 백작, 오노레 가브리엘 리케티Mirabeau, Honoré Gabriel Riqueti 44, 47, 68, 69, 71, 94

ㅂ~ㅅ

바라스 자작, 폴 프랑수아 장 니콜라 Barras, Paul François Jean Nicolas 127
바르나브, 앙투안 피에르 조제프 마리 Barnave, Antoine Pierre Joseph 20, 68, 74
바를레, 장 Varlet, Jean 107, 109
바뵈프, 프랑수아 노엘 Babeuf, François Emile(Gracchus) 157, 158
바스티유 49~51, 84, 151
바이, 장 실뱅 Bailly, Jean Sylvain 47, 50, 68, 80, 83, 85
베르니오, 피에르 빅튀르니앵 Vergniaud, Pierre Victurnien 110
보나파르트 독재 5
보나파르트, 나폴레옹 Bonaparte, Napoleon(1804년 이후 프랑스 황제) 5, 161~163
봉건(제) 17~19, 21, 28, 30, 32, 37, 52~56, 65, 66
봉기코뮌 86
부르주아 7, 11, 17~24, 27, 30, 37, 49, 51, 54, 64, 66, 79, 88, 91, 93, 100, 102, 119, 131, 157, 160
불레, 에티엔루이 Boullée, Étienne-Louis 151
브라운슈바이크Braunschweig **공작** → 카를 2세 빌헬름 페르디난트
브리소, 자크 피에르 Brissot, Jacques Pierre 79, 82, 85, 88, 155
브리엔, 로메니 드 Brienne, Loménie de 15, 33, 34, 36
비요바렌, 장 니콜라 Billaud-Varenne, Jean Nicolas 126
사법 체계 61
산악파 88, 90, 91, 93, 95, 97, 102, 108, 109, 111, 112, 129, 143
산업혁명 7
상퀼로트 85, 102, 105~109, 111, 114, 117, 118, 128, 133, 137, 145, 149, 152, 155, 157, 158, 161
상테르, 앙투안 조제프 Santerre, Antoine Joseph 86, 109
생쥐스트, 루이 앙투안 레옹 드 Saint-Just, Louis Antoine Léon de 119, 126
샤를 10세(1824년 이후 프랑스 왕) 163
샬리에, 조제프 Chalier, Joseph 111
선거권 64, 67, 72, 79, 138
성직자 15, 19, 21, 27, 37, 42~46, 62, 73, 118, 131
세귀르 후작, 필립앙리Ségur, Philippe-Henri 22
소시민 49, 56
쇼메트, 피에르 가스파르 Chaumette, Pierre Gaspard 117

수동 시민 63, 64
시에예스 신부, 에마뉘엘 조제프 Sieyès, Emmanuel Joseph 35, 44, 48, 68, 156, 162

ㅇ~ㅈ
아르투아d'Artois **백작, 샤를 필립**Charles Philippe → 샤를 10세
아시냐 62, 103
아카데미 20, 26
앙라제Enragés 109, 123
앙시앵레짐 6, 11, 15, 24, 27, 31, 58, 60, 82, 98, 131, 145, 149
에베르, 자크 르네Hébert, Jacques René 107, 109, 123, 124
여성 클럽 141, 123
연맹병 81, 84~86, 88
연방주의 반란 102
오를레앙 공작, 루이 필립 조제프 Orléans, Louis Philippe Joseph 47
왕의 도주 73, 74
'인간과 시민의 권리선언'(인권선언) 55, 56, 59, 61, 64, 76, 91
입헌군주정 5, 78
자본주의 18~21, 53, 55
자코뱅(파, 클럽) 7, 25, 68, 72, 76~80, 82, 92, 93, 95, 102, 106, 112, 117, 127~130, 133, 139, 140, 141, 155~161, 163
재산권 91, 104, 162
재정 위기 15, 16
전국신분회 15, 32, 34, 36~38, 40~42, 49, 138
절대왕정 16, 27, 82, 97, 120
정치 클럽 12, 25, 52, 59, 67, 71, 72, 79, 81, 107, 139, 141, 144
정파 68, 72
제3신분 15, 21, 23, 34~36, 38, 40, 42~45, 47, 49, 72, 73, 76, 95
지롱드파 88, 90~95, 102~112, 117, 123, 124, 141, 155
진정서 17, 37, 38, 100

ㅊ~ㅎ
차지농 18
최고가격제 103, 118

축제 66, 69, 70, 76, 81, 107, 126, 127, 147, 149~153
카르노, 라자르 니콜라 마르그리트Carnot, Lazare Nicolas Marguerite 126
카를 2세 빌헬름 페르디난트, 브라운슈바이크 공작Karl II. Wilhelm Ferdinand, Braunschweig 83
카잘레스, 자크 드Cazalès, Jacques de 68
칼론, 샤를 알렉상드르 드Calonne, Charles Alexandre de 32, 33, 36
코르데, 샤를로트Corday, Charlotte 111
코르들리에클럽 72, 75, 76, 94, 123, 124, 139~141
콜로 데르부아, 장 마리Collot d'Herbois, Jean Marie 125~127
콩도르세 후작, 마리 장 앙투안Condorcet, Marie Jean Antoine 79, 90
탈레랑, 샤를 모리스 드Talleyrand, Charles Maurice de 44
테러 11, 108, 113~133, 135, 153~157, 160, 161
튀르고 드 론 남작, 안 로베르 자크Turgot, Anne Robert Jacques 31
특권 신분 16, 21, 34, 35
페티옹 드 빌뇌브, 제롬Pétion de Villeneuve, Jérome 80, 86
평원파 88
폭력 8, 9, 11, 48~53, 75, 86, 87, 93, 101, 105, 107, 110, 117, 122, 129, 131, 153, 154
푀양클럽 76, 78
푸셰, 조제프Fouché, Joseph 127
프레롱, 루이 마리 스타니슬라Fréron, Louis Marie Stanislas 127
프리메이슨 20, 26
혁명군 118, 122, 123
혁명독재 9, 120, 122
혁명력(달력) 12, 136~138, 152, 153, 157
혁명정부 92, 102, 113, 114, 119~126, 137, 158
황금청춘 160

프랑스혁명
바스티유의 포성에서 나폴레옹까지

초판 1쇄 인쇄 | 2025년 8월 9일
초판 1쇄 발행 | 2025년 8월 20일

지은이 | 한스울리히 타머
옮긴이 | 나종석
발행인 | 이원석
발행처 | 북캠퍼스

등록 | 2010년 1월 18일 (제313-2010-14호)
주소 | 경기도 성남시 분당구 서현동 245-3 성지하이츠텔 913호
전화 | 070-8881-0037
팩스 | 031-702-0204
전자우편 | kultur12@naver.com

편집 | 신상미
디자인 | 이경란
마케팅 | 임동건
ISBN: 979-11-88571-27-7 (04920)
　　　　 979-11-88571-18-5 (set)

이 도서의 국립중앙도서관 출판시도서목록(CIP)은 서지정보유통지원시스템 홈페이지(http://seoji.nl.go.kr)와 국가자료공동목록시스템(http://www.nl.go.kr/kolisnet)에서 이용하실 수 있습니다.

* 이 책은 저작권법에 따라 보호받는 저작물이므로, 저작자와 출판사 양측의 허락 없이는 일부 혹은 전체를 인용하거나 옮겨 실을 수 없습니다.
* 책값은 뒤표지에 있습니다.